SAINT PAUL,

ÊTRE DE LUMIÈRE

Christiama NIMOSUS

SAINT PAUL,

ÊTRE DE LUMIÈRE

Editions Guy Trédaniel
65, rue Claude Bernard
75005 Paris

Ouvrages du même auteur, chez le même éditeur

Etude sur des nombres occultes
Les Mystères des pyramides
Méditations numériques,
Pierres et traditions
La Terre creuse est l'Agartha
Le Monde secret des croix
La Croix, message du Christ

Composition : ***Astro'AdR***
3, rue de Dobropol 75017 Paris

ISBN 2-85707-756-4

TABLE DES MATIÈRES

Sous les auspices bienveillants
du Maître Hilarion

I

MON APPROCHE DE PAUL

Voilà déjà quelque temps, un important événement de nature spirituelle et mystique consolida mes recherches au point que, maintenant, j'en arrive à mieux comprendre – par expériences directes – le sens de mon existence chrétienne.

Jusqu'alors, je me considérais, bien involontairement d'ailleurs, comme chrétien. Je l'étais tout simplement parce que j'avais été baptisé catholique. Mais les vicissitudes qui pétrirent ma jeunesse m'amenèrent à faire ma communion chez les protestants.

Les choses paraissaient en rester là. Pendant plusieurs années, rien n'affecta dans un sens positif une éventuelle progression ; disons que ce fut tout le contraire... Mais il n'est pas utile que je relate ici cette descente dans mon infernale intériorité aux relents négatifs. J'aboutis à l'aigreur psychologique suivante : Dieu n'existe pas. Ma logique, dans ma réflexion défaitiste, me sussurrait que l'existence d'un Dieu était un mythe sournoisement entretenu par un clergé imbu de sa primauté dogmatique.

Comme j'aime à dire depuis, lorsque j'évoque ce lent revirement spirituel : « Lui, là-haut, Il m'a bien eu ! »

Je dois préciser, il est vrai, que c'est en prenant conscience du « signe » qui mit fin à l'engrenage funeste, que ma curiosité s'éveilla sur le thème des religions. Toutefois, je n'aspirais pas d'emblée au christianisme. Cette religion ne m'apparaissait qu'en tant que l'une des expressions de l'unité cosmique. Le christianisme n'était, pour moi, qu'une des nombreuses facettes du diamant de la connaissance que je tentais d'ausculter de tous mes doutes métaphysiques.

Mes recherches sur les diverses civilisations, religions et philosophies me firent approcher le bouddhisme et ses nombreuses ramifications tant extrême-orientales qu'occidentales. Je m'orientai surtout vers le lamaïsme.

Entre-temps, le judaïsme m'intéressa particulièrement pour la connaissance mystique que recèle la kabbale.

J'accomplis quelques pas dans l'islam avec l'aide d'amis musulmans qui pratiquaient le soufisme.

Passèrent ainsi au crible de mon avide curiosité les civilisations maya, égyptienne, grecque, celte, des Dogons, etc...

J'en ai traduit une synthèse coordonnée selon les nombres, dans mon ouvrage *Etudes sur des nombres occultes* dont la lecture laisse facilement transparaître ma propre quête d'un Graal aux facettes infinies. La trame en est représentée par la multiplicité des nombres dans leurs interprétations et adaptations souvent parallèles à celles de la science officielle.

Certaines réflexions, plus spécifiques et personnelles, firent l'objet de développements complémentaires dans mes *Méditations numériques*.

Symbole chrétien par excellence, la croix m'a profondément attiré au point d'écrire deux manuscrits. Le premier, *Le monde secret des croix*, recense un grand nombre de croix de traditions diverses, anciennes et actuelles ; le second, *La croix, message du Christ*, développe la thèse selon laquelle cet antique symbole a servi de support pour expliciter le message christique.

Pourtant, je ne me considérais pas encore comme un « chevalier du Christ ». Ces ouvrages n'étaient que l'aboutissement logique de mes recherches intellectuelles. Ces livres ne signifiaient pas pour autant mon appartenance à la religion du Christ bien que – je m'en rends compte maintenant – j'en vivais la philosophie.

En outre, j'avoue avoir eu le privilège d'un « entretien mystique » lorsque s'est révélé dans ma conscience objective mon oméga christique. Cet entretien, ce dialogue avec mon Christ intérieur, je l'ai relaté dans un de mes écrits sur le thème de la lumière divine, *L'ascension vers la lumière* [1].

---

[1] Editions Ediru, 91540 Mennecy, 1994.

En fait, je cherchais. Je ne savais objectivement pas ce que je cherchais, sinon je n'aurais pas attendu aussi longtemps pour en vivre l'évidence.

Pour résumer ma démarche, maintenant que je conçois mieux où je vais, je me devais de constater et d'éprouver que tous les Hommes sont frères par le fait, primordial à mes yeux, qu'ils forment une seule et même lumière : l'âme de Dieu. Diversement réfractée par les expériences existentielles des êtres plus ou moins conscients, Dieu ramène ainsi dans sa suprême divinité les myriades d'étincelles de vie qu'il a créées dans son propre état mental.

Comme conséquence essentielle à mes flèches de connaissance lancées tous azimuts, je ne pouvais fixer mon bâton de pèlerin sur le terrain de la religion de mon baptême. Mes aspirations, en mon for intérieur, fraternisaient autant avec l'idéal des chrétiens qu'avec celui des juifs, autant avec l'idéal des musulmans qu'avec celui des bouddhistes.

Mes recherches m'incitaient à considérer les religions comme des facettes – adaptations géographiques – de la lumière originelle qui, exprimée dans tous les êtres, tente de les désengluer de la matérialité dans laquelle ils se sont fourvoyés.

Que s'est-il passé qui a éclairci, éclairé mon chemin spirituel ? Quel est cet événement qui m'a surtout confirmé dans ma démarche christique ?

C'est tout simple et révélateur de l'unité d'amour qui relie les différents règnes entre eux au sein de la création : J'ai appris que mon guide spirituel est « Paul, celui que Dieu rattrapa sur la route de Damas ». Précision indispensable, puisque, outre que c'est un prénom commun, les dictionnaires mentionnent généralement plusieurs Paul ayant accédé à la sainteté [2]. Aucun doute n'est possible.

---

[2] Relevons : Saint Paul, premier ermite (vers 228 - vers 341) qui vécut dans le désert d'Egypte ; sa fête est le 15 janvier. Saint Paul de la Croix, né à Ovada

Je prends alors conscience que la plupart des idées profondément mystiques que la « Providence » semblaient m'octroyer, émanaient de mon guide. Toujours présent, incognito derrière mon voile d'ignorance, il manifestait sa lumière d'Amour et de Connaissance. Il avait déjà confiance en moi et je ne le savais pas.

Lorsque le mystique a la révélation de son guide spirituel, il réalise alors « que son vrai maître doué d'une immense bonté et d'un pouvoir infini l'attend (l'attendait depuis si longtemps) dans le plan où s'épanouit son être intérieur. » [3].

Et quand quelques jours plus tard (oui ! il m'a fallu cinq jours pour m'émouvoir spirituellement), j'ai finalement compris la raison pour laquelle j'étais né en Occident, c'est-à-dire dans un pays où la religion chrétienne est prépondérante, une grâce est descendue dans mon cœur. Ce fut comme si la multitude d'étoiles qui façonnent l'univers, grossissaient soudainement jusqu'à illuminer tout mon ciel intérieur.

Telle une pensée de joie reliant mon cœur et mon esprit, je me suis alors murmuré tout ravi : « Quelle révélation de se découvrir chrétien ! »

Maintenant, je peux affirmer tout simplement, c'est-à-dire sans détour et sans ostentation, que je suis chrétien. Loin de rejeter, dorénavant, les fruits de mes recherches antérieures relatives aux différentes religions et philosophies, je dois reconnaître que mon existence actuelle compose avec mon acquis mystique qui fait partie intégrante de ma personnalité. Ayant également réalisé des expériences psychiques et surtout spirituelles, elles ont imprimé dans mon être des lettres de lumière grâce auxquelles le mot chrétien que j'écris, que je parle et que je pense, n'a plus exactement la même connotation que celle usitée par les dévots imbus de christianisme.

(1694-1775), fondateur de la congrégation missionnaire des passionistes ; fête le 28 avril. Paul est également le nom de plusieurs Papes.

[3] *Fusion du cœur-intellect*, édité par l'auteur, 1982 (p. 10).

En fait, je suis chrétien parce que j'ai eu la révélation (le mot n'est pas trop fort) de la présence et de l'existence de mon Christ intérieur.

L'auteur de ma prise de conscience christique a été saint Paul.

Il m'a donc semblé dans la nature des choses que je m'enquisse sérieusement de ce personnage qui fut la pierre fondamentale du rayonnement primitif du christianisme.

Le présent ouvrage est loin de se prévaloir œuvre d'érudition. Je n'y ai mis en lumière que quelques aspects de la vie de saint Paul, plus particulièrement ceux qui m'ont été utiles à avoir une meilleure idée sur l'histoire passée de mon guide.

Si je ne me suis pas étendu, par exemple, sur l'Eucharistie, qui est reconnue avoir été instituée par l'apôtre Paul (*I Corinthiens,* 11 : 17 à 34) [4] ni sur l'organisation ecclésiastique de l'Eglise naissante (*Tite* et *I Timothée*, 3) dont Paul fut l'instigateur, c'est parce que d'autres auteurs ont su fouiller les *Epîtres* pauliniennes afin d'en extraire les implications tant dans le Christianisme originel que dans celui contemporain qui lui survit d'une façon si différente. Les exégètes religieux ont une plus grande compétence que la mienne en la matière.

Mon cheminement m'a permis de situer Paul et son action dans un contexte unifiant divers courants ésotériques d'ascension vers la lumière. De par mes connaissances mystiques et ma culture sur diverses traditions, je peux mieux comprendre les expériences qui façonnent un être de lumière.

Mais le résultat le plus encourageant est qu'il m'est dorénavant plus facile d'harmoniser ma conscience avec celle de mon guide. Il fortifie progressivement la présence en moi de l'esprit christique.

Ayant revêtu « la foi et la charité pour cuirasse, et pour casque l'espérance du salut » (*I Thessaloniciens*, 5 : 8), j'ose

---

[4] Sauf mention contraire, la *Bible* utilisée est « La Sainte Bible » figurant à la bibliographie en fin d'ouvrage sous la référence (43).

m'aventurer, avec le soutien de Paul, dans cette contrée où la lumière est une vivante caresse d'Amour.

II

PAUL, LE DEUX FOIS NÉ

« Saül, Saül, pourquoi me persécutes-tu ? » (*Actes*, 9 : 4).

C'est sur la route de Damas, en Syrie, qu'un nouveau maillon de la chaîne des initiés à la lumière, s'est soudainement mis à resplendir pour l'humanité occidentale, et cela pour l'éternité.

L'épisode de la conversion spectaculaire de Saül est généralement situé en 36 après Jésus-Christ. Trois années se sont écoulées depuis la crucifixion. Bien qu'il y ait encore de nombreux témoins ayant connu Jésus de son vivant, et d'autres qui peuvent attester que le Christ leur ait apparu plusieurs fois après sa résurrection, les exégètes et les historiens s'accordent à penser que Paul n'a jamais vu Jésus pendant sa mission.

Beaucoup se demandent ce que pourrait être cette aveuglante clarté qui a subitement terrassé Saül.

Une explication parmi d'autres, qu'avancent certains auteurs, est celle de la réverbération du soleil sur le sable du désert, qui aurait ainsi ébloui Saül. La fatigue du voyage aidant, ses yeux n'auraient pu résister et furent aveuglés (30) [5].

C'est possible, bien que l'on ne comprenne pas pourquoi Saül fut le seul, parmi les soldats qui l'accompagnaient, à subir l'aveuglement jusqu'à la cécité complète. Il y eut même cette étrange voix dont on ne saurait dire si elle était réelle ou non. En effet, le Livre des *Actes des Apôtres* rapporte, d'une part, que Saül et ses soldats l'entendirent (*Actes*, 9 : 7), d'autre part, Paul dit avoir été le seul à l'entendre (*Actes*, 22 : 9). Une explication, facile mais non sans valeur, serait de cataloguer ces phénomènes de phosphènes et d'acouphènes [6].

---

[5] Les nombres entre parenthèses renvoient à la bibliographie en fin d'ouvrage.

[6] Le phosphène est une sensation lumineuse apparaissant généralement les paupières fermées, en l'absence de lumière extérieure à l'œil. L'acouphène est une sensation auditive qui, apparaissant en l'absence de son extérieur, peut parfois s'associer à une hallucination auditive : une acousmie.

Les effets spirituellement illuminateurs nécessiteront tout de même trois jours afin de modifier les tendances foncièrement antichristiennes de Saül. On ne peut pas encore parler de chrétiens, puisque « ce fut à Antioche (en 41 après J.-C.) que, pour la première fois, les disciples furent appelés chrétiens » (*Actes*, 11 : 26). Et cela se passait en présence de Paul que Barnabé était allé chercher.

Les trois jours pendant lesquelles ont été brûlées les scories empêchant la lumière christique de resplendir en Saül, sont à mettre en parallèle avec deux autres passages du *Nouveau Testament*. Tout d'abord avec les trois jours nécessaires à la reconstruction du Temple (*Jean*, 2 : 19) qui s'assimilent à la reconstruction du temple intérieur de l'être ; et cela trois jours après la séparation du corps physique mortel et de l'esprit immortel qui l'animait. Ensuite avec les trois jours précédant la résurrection du Christ.

« Personne, à moins de naître de l'eau et de l'Esprit, ne peut entrer dans le Royaume de Dieu. » (*Jean*, 3 : 5)

En recouvrant la vue, Saül devient un homme « nouvellement né », c'est-à-dire un ressuscité selon la conception mystique, puisqu'il fut régénéré par le feu de l'Esprit. Le baptême de l'eau, que lui a ensuite fait subir Ananias, insère Saül dans la communauté des premiers christiens, et grâce à laquelle il va devoir mettre en œuvre les résultats de l'illumination christique qu'il a vécue.

C'est bien ainsi qu'il faut comprendre la guérison de la cécité de Saül. Bien qu'elle fut réalisée par Ananias (ou Ananie) par imposition des mains, c'est une véritable alchimie spirituelle qui a établi Saül dans la voie du christianisme. Certains qualifient de coïncidence le fait qu'Ananias ait été averti en songe de la présence de Saül en ville, Saül, un ennemi que le Seigneur lui demande d'aller guérir. Pourtant, il ne faut y voir là qu'un simple phénomène de l'unité de la raison divine.

Le christianisme aurait-il eu le rayonnement que nous lui connaissons si Ananias n'avait pas cru en sa vision ? La question reste posée, tout au moins pour moi, quant aux incidences de la foi en une simple vision.

Qui est Ananias ? Un fervent de la nouvelle secte. Sa vision lui apprend que Saül de Tarse, le pharisien persécuteur, est ici tout proche. C'est lui qui doit devenir l'instrument de Dieu afin de – écrira plus tard Paul – « révéler son Fils en moi pour que je l'annonce parmi les païens, aussitôt, sans consulter la chair et le sang. » (*Galates*, 1 : 16). Cette précision confirme bien l'extraordinaire ouverture spirituelle de Saül qui, dorénavant, n'aura plus besoin de consulter les oracles tels qu'ils se pratiquaient alors.

Que fait Saül pendant ce temps ? Il prie. Comprend-il ce qui lui est arrivé ? Craint-il pour son avenir ? Difficile de savoir exactement ce qui bouleverse Saül au point de se morfondre en prière. Quoi qu'il en soit, c'est au moment même où le Seigneur parle à Ananias que Saül apprend que sa vue va bientôt lui être rendue. Le Seigneur dit en effet à Ananias : «... et demande dans la maison de Judas un nommé Saül de Tarse. Il est justement en prière, et il a vu un homme du nom d'Ananie... » (*Actes*, 9 : 11,12).

Dans quelques instants, Saül va recouvrer la vue ; il sera dès lors, un homme nouveau dont la personnalité s'en trouvera profondément transformée.

Il y a dans cette simultanéité des visions d'Ananias et de Saül, un effet de l'unique conscience divine. Dorénavant, Saül, en accédant à la supra-vision, ou vision spirituelle, ne consultera plus quoi que ce soit ni quiconque, pour connaître la volonté de Dieu. Guidé par l'infaillibilité de la divinité, sa foi deviendra inébranlable. Le gage personnel de sa foi se découvre dans sa prodigieuse expérience de la lumière christique [7].

---

[7] Cf. le chapitre *La foi paulinienne*.

Saül semble avoir été prédestiné à contempler Dieu dans toute sa splendeur. Il est un des rares rescapés d'un face à face avec Dieu. En effet, son expérience de la perception de la lumière divine ne le laisse aveugle que pendant trois jours.

Dans *l'Ancien Testament*, Yahweh dit à Moïse : « Aucun Homme ne peut voir ma face et demeurer en vie. » (*Exode*, 33 : 20). C'est en effet la conception qu'en avaient les Hébreux. Ils croyaient qu'aucun être humain n'avait le droit ni la capacité de voir Dieu, que sa vue était mortelle. C'est oublier que Dieu fait fi des circonstances, des croyances et des convenances humaines. Jacob, pourtant, affirme qu'il a vu Dieu face à face et que sa vie est sauve (*Genèse*, 32 : 31).

Peut-être existe-t-il des degrés d'intensité dans l'absorption de la lumière qui émane de Dieu ! Celle du Christ est-elle aussi éblouissante que celle de son Père céleste ? Rappelons que c'est le Christ qui illumine Saül dans sa vision salvatrice. On peut donc raisonnablement penser que c'est la lumière christique qui a impressionné l'esprit de Saül. Cela ne le rabaisse pas pour autant puisque, s'il faut en croire Paul, « il (Jésus) a été jugé digne d'une gloire supérieure à celle de Moïse, dans la mesure même où l'architecte d'une maison l'emporte en dignité sur celle-ci. » (*Hébreux*, 3 : 3).

L'idée que Paul développe aux Hébreux est facilement compréhensible pour un mystique contemporain ; elle n'a rien de quoi faire frémir les juifs, si ce n'est des retardataires imbus d'eux-mêmes qui rabâchent leurs notions intellectuelles, en fait qui ne parviennent pas à s'extraire du gouffre d'ignorance.

Moïse vivait quelque huit siècles avant notre ère. Jésus, ce sectateur qui a osé orienter la loi moïsiaque vers une pratique moins stricte de la religion, a très bien pu évoluer vers une claire conscience des besoins spirituels de l'humanité, et cela en progressant au fil de ses existences terrestres [8]. Etant parvenu à vi-

---

[8] Le principe de la réincarnation n'a jamais été nié dans la *Bible*. Tant dans *l'Ancien* que dans le *Nouveau Testament*, les allusions ne manquent pas.

vre en parfait mystique, sa très grande pureté et sa réelle compréhension des lois divines l'ont désigné pour servir de vase (le corps) propice à recevoir le fluide de l'amour divin (effusion christique).

A en croire un initiateur contemporain, Gurdjieff[9], Jésus n'a fait que populariser une Tradition très secrète des Temples égyptiens préhistoriques.

Au cours d'un entretien, Gurdjieff explique que « l'origine de l'Eglise chrétienne, c'est-à-dire du temple chrétien, est beaucoup plus intéressante que nous ne pensons. Tout d'abord, l'église et son culte, dans la forme sous laquelle ils se présentaient dans les premiers siècles de l'ère chrétienne, ne pouvaient pas venir du paganisme ; il n'y avait rien de semblable, ni dans les cultes grec et romain, ni dans le judaïsme...

L'église chrétienne, la forme chrétienne du culte, n'a pas été inventée par les Pères de L'Eglise. Tout a été pris à l'Egypte – main non pas à l'Egypte que nous connaissons... Cela vous paraîtra étrange si je dis que cette Egypte préhistorique était chrétienne plusieurs milliers d'années avant la naissance du Christ. »

Moïse a su forger l'âme d'un peuple afin qu'il devienne le dépositaire d'une tradition devant être transmise à la postérité sans qu'il en soit changé un iota. La kabbale juive recèle effectivement des outils efficaces, bien qu'aussi anciens que l'humanité, qui peuvent aider l'Homme a devenir un Fils de Dieu. Hélas ! C'est à cause de l'obligation d'immutabilité de cette ancestrale tradition que la Loi occupe une si grande place dans la religion juive.

Jésus, quant à lui, s'est façonné une personnalité resplendissante d'amour et de compassion afin que son corps devienne un réceptacle de pureté divine. L'esprit saint, descendu en Jésus lors de son baptême dans le Jourdain, est appelé le Christ, transformant Jésus en Jésus-Christ, c'est-à-dire en Fils de Dieu. Il ne

---

[9] *Qui êtes-vous Monsieur Gurdjieff ?*, récit par René Zuber, Editions Courrier du Livre, 1977 (p. 61 à 63).

semble pas que Moïse ait atteint cette phase mystique dans laquelle la personnalité fusionne avec l'essence de l'être, ou l'âme, permettant ainsi de réaliser l'unité de la création dans un présent objectif.

C'est la raison pour laquelle Paul prend soin de préciser que Moïse a été fidèle comme un bon serviteur « pour témoigner de ce qui devait être dit ; le Christ, lui, l'a été en qualité de fils à la tête de sa maison. » (*Hébreux*, 3 : 5,6).

Que Paul se permette de situer Moïse par rapport à Jésus-Christ ne signifie pas que sa propre ouverture spirituelle égale celle de Moïse. Il rédige souvent ses *Epîtres* par inspirations spirituelles. Il ne désire que s'effacer afin que Christ parle au travers de lui. Prétention extraordinairement humble, mais ô combien difficile !

Son ouverture à Christ s'est donc effectuée d'une façon soudaine. A partir du moment où Saül a recouvré sa vue, il est devenu un être de lumière. Il a réellement vécu l'expérience spirituelle de la lumière divine. Tout ce qu'il dira dorénavant sera soutenu par la lumière christique qui s'est révélée en lui.

Paul a profondément conscience d'être né une nouvelle fois. C'est ainsi que, s'adressant aux païens convertis, il leur dit : « Il vous faut renoncer à votre vie passée et dépouiller le vieil Homme que corrompent les convoitises trompeuses pour vous renouveler par une transformation intime de votre pensée et revêtir l'Homme nouveau qui a été créé selon Dieu dans la justice et la sainteté de la vérité. » (*Ephésiens*, 4 : 22à 24).

L'Homme nouveau ne peut être revêtu que d'un habit de lumière.

III

PAUL, LE KABBALISTE

Saül a suivi, pendant sa jeunesse, une éducation pharisienne empreinte de rigueur. Il ne fait aucun doute que, afin de mieux cerner la personnalité de Saül et comprendre l'existence de Paul, il faille se pencher sur un des aspects de la culture hébraïque de Saül, c'est-à-dire sur celui qui se rapporte à la kabbale.

Il me revient en mémoire avoir lu quelque part que Paul était un kabbaliste. A l'époque, je n'avais ni rejeté, ni accepté cette information. Je me rappelle être resté indifférent sur cette éventuelle connaissance kabbalistique qu'on lui attribuait. Maintenant que je développe une certaine biographie de l'apôtre Paul, je trouve absolument nécessaire de poursuivre mes recherches.

C'était avant d'avoir lu un ouvrage dans lequel l'auteur expose sa méthode de décryptage du fameux palindrome [10] *Rotas-Sator*. La thèse de Monsieur Cartigny ne m'a certes pas ébranlé, mais a suffisamment retenu mon attention. D'après ce chercheur, le carré magique, dans lequel sont inscrites les lettres de ces deux mots hermétiques, ainsi que celui de Tenet, serait tout uniment le testament de saint Paul [11].

L'énigme de ce carré magique avait auparavant fait l'objet de mes recherches qui tiennent tout un chapitre (le palindrome du Christ) dans mes *Méditations numériques*. Toutefois, je terminais en rajoutant quelques remarques sur le travail de Cartigny, car son livre n'avait capté ma curiosité intellectuelle qu'après avoir achevé la rédaction de ce chapitre. Je me demandais si le mystère du palindrome du Christ s'avérait définitivement résolu ; un doute subsistait en moi.

---

[10] Mot, vers ou phrase qu'on peut lire identiquement dans le sens de gauche à droite ou de droite à gauche. Le palindrome *Rotas-Sator* est dit parfait parce qu'il se lit pareillement de haut en bas et de bas en haut.

[11] *Le carré magique, testament de saint Paul*, par Charles Cartigny, édité par l'auteur, 1984, Diffusion Picard.

Maintenant que je bénéficie d'un peu plus de recul, je peux dire que même un kabbaliste, qui aurait un message à transmettre, ne procéderait pas ainsi. En effet, la technique de décryptage que l'auteur développe est tellement sophistiquée qu'il eut fallu que Paul travaillât, également, sur un ordinateur lors du cryptement, c'est-à-dire entre 44 et 53 après J.-C., et cela au cours d'un de ses voyages.

De toutes les façons, même si cette curieuse construction intellectuelle *Rotas-Sator* signifie réellement quelque chose, elle ne saurait être l'œuvre de saint Paul dont le message est en clair.

Donc, après cette lecture du carré magique qui n'est pas le testament de saint Paul, et surtout lorsque je me suis découvert une âme de chrétien, j'ai recherché où j'avais lu que saint Paul avait été kabbaliste. Je n'ai pas cherché longtemps pour redécouvrir ces quelques mots dans un ouvrage théosophique [12].

C'est dans la lettre LIX que Koot'Houmi (K.H.) révèle que Paul était un kabbaliste. Il explique d'abord le terme sanscrit *Avalokitesvara*, scindé généralement en deux mots : *ishwara*, signifiant (approximativement) seigneur et *Avalokita*, voulant dire : qui regarde de haut en bas. *Avalokitesvara* est un bodhisattva, c'est-à-dire un être définitivement éveillé à la réalité supérieure au point de ne plus devoir se réincarner, sauf s'il décide, par pure compassion, de descendre sur Terre afin d'aider l'humanité souffrante.

Puis K.H. explique que l'*Avalokitesvara* signifie « en un sens – l'Esprit omniprésent et universel dans le temple de la nature – et, dans l'autre sens, le septième principe – l'Atman (âme) dans le temple – l'Homme. M. Rhys Davids (une personne que connaît le destinataire de cette lettre) aurait pu tout au moins se rappeler la comparaison familière (pour lui) faite par l'Adepte chrétien, le cabaliste Paul : "Ne savez-vous point que vous êtes un

---

[12] *Lettres des Mahatmas M. et K.H. à A.P. Sinnett*, Editions Adyar, Paris, 3ème édition révisée, 1962.

temple de Dieu et que l'Esprit de Dieu habite en vous ?" (*I Corinthiens*, 3 : 16) car il aurait ainsi évité cette confusion ! » [13]

Et plus loin, dans cette même *Epître*, Paul confirme : « Ne savez-vous pas que votre corps est le temple du Saint-Esprit qui est en vous, et que vous tenez de Dieu ? Et que vous ne vous appartenez pas ? Car vous avez été bel et bien achetés. Glorifiez Dieu dans votre corps. » (*I Corinthiens*, 6 : 19,20).

Mes expériences et mes approches de la philosophie bouddhique m'ont familiarisé avec la notion d'une hiérarchie spirituelle qui dirige l'humanité. Cette notion existe d'ailleurs depuis longtemps déjà dans le monde occidental sous le vocable de hiérarchie céleste ou angélique. Celle orientale qui nous intéresse ici a plus particulièrement été répandue par la Théosophie [14].

K.H. est un des Maîtres de ce que la terminologie occidentale appelle la *Grande Fraternité Blanche* (G.F.B.), ou la Grande Loge Blanche. Elle est dite blanche parce qu'elle œuvre pour l'élévation de l'humanité vers la lumière. Du fait que j'admets l'existence et la présence de la G.F.B., que ce soit donc Koot'Houmi qui cite Paul en tant qu'Adepte chrétien et kabbaliste, renforce ma conviction.

Les Epîtres de Paul comportent de nombreux passages qui laissent entrevoir une profonde, une réelle connaissance de la kabbale.

Avant d'en extraire quelques preuves, je voudrais relever une autre source qui confirme que Saül était versé dans cette gnose juive. Il s'agit des auteurs kabbalistes juifs des XIIIe et XIVe siècles. Aucun d'eux ne conteste l'évidence d'un Paul kabbaliste. C'est précisément là que réside la principale confirmation. Ces spécialistes affirment simplement que Paul s'est trompé dans son

---

[13] Cf. *Lettres des Mahatmas* (p. 399).

[14] Cette doctrine mystique, qui vise à la connaissance directe de Dieu, est le nom donné à un mouvement qui fut créé en 1875 par Mme Hélèna Blavatsky. Le siège mondial est en Inde.

interprétation de la kabbale. Ils reconnaissent ipso facto Paul comme kabbaliste.

Il est connu que le *Zohar* est un écrit essentiel de la kabbale juive. Parallèlement à l'*Ancien Testament* et le *Talmud* [15], il était accepté comme un écrit canonique judaïque.

« Selon la tradition talmudique, il (le Zohar) fut rédigé par Rabbi Siméon ben Yohaï qui vécut au second siècle de l'ère chrétienne [16]. Que la rédaction du Zohar soit attribuée à ce personnage historique, cela est confirmé tant par les kabbalistes juifs (Knorr von Rosenroth, entre autres) que par ceux chrétiens (Henry More, F.M. Van Helmon, etc.) ; mais sans toutefois signifier que c'est Rabbi Siméon qui l'a inventé de toutes pièces.

Le *Zohar* est le résultat de trop nombreuses et profondes recherches expérimentales sur la connaissance divine, pour n'apparaître l'œuvre que d'un seul homme. S'il a effectivement inclus dans le *Zohar* quelques résultats de ses méditations, Rabbi Siméon a surtout retranscrit ce qui se transmettait oralement depuis des temps fort anciens.

La chaîne de la tradition kabbalistique remonterait à Moïse ; et même jusqu'à Abraham. En effet, l'adjonction de la lettre hé (ה) à Abram donnant Abraham, à l'âge de 99 ans (nombre symbolique d'achèvement, de complétude) pour l'introniser « père des Nations », n'est sans doute pas fortuite, mais bien une application sacrée de la kabbale. Rappelons ce texte biblique qui met en lumière des données fondamentales de la kabbale.

Dieu parla à Abraham, et lui dit : « Tu ne seras plus appelé de ton nom Abram, mais ton nom sera Abraham : car je t'ai fait père d'une foule de peuples. » (*Genèse*, 17 : 5).

Abraham avait une épouse du nom de Saraï. Aussi, afin que s'accomplisse la parole de l'Eternel, une curieuse opération de

---

15 Recueil de traditions rabbiniques interprétant la loi de Moïse, réunissant la Mishna, codification des traditions orales, et la Gemârâ, son commentaire.

16 *Kabbalistes chrétiens*, Les Cahiers de l'Hermétisme, Editions Albin Michel, 1979 (p. 104).

« vases communicants » fut effectuée par Dieu. Après avoir ajouté une lettre au nom d'Abram, il en retrancha une à celui de Saraï. Au même chapitre, on lit en effet : « Dieu dit à Abraham : Saraï, ta femme, tu ne l'appelleras plus du nom de Saraï, mais Sara sera son nom. » (*Genèse*, 17 : 15).

Pour les juifs, le nom divin devait toujours rester sacré. Aussi, il n'est pas étonnant qu'ils aient substitué au nom de Yahweh, dont la prononciation n'était réservée qu'au grand-prêtre une fois par an, le Jour des Expiations, celui d'Adonaï. Toutefois, étant donné l'intime lien de Yahweh avec le Pentateuque ou la Thora, lorsque vint l'époque de la voyellisation de l'écriture hébraïque, le nom de Yahweh fut transposé en celui de Jéhovah. Ce barbarisme occulta la vraie prononciation du nom de l'Eternel [17].

Celui qui fut considéré comme l'un des premiers kabbalistes chrétiens, Pic de la Mirandole qui vécut de 1463 à 1494, tenta de démontrer la convergence vers le christianisme de tous les systèmes philosophiques et religieux, et que la venue du Christ était prédite dans les Ecritures de l'*Ancien Testament*.

Pic de la Mirandole a plongé avec ivresse dans l'étude de la kabbale. Il a écrit à la fin de son oraison-programme de *Detrominis dignitate*, une synthèse de ce qu'il a découvert dans de nombreux ouvrages de kabbale qu'il s'était procurés : « Là se trouve le secret de la Trinité, l'incarnation du Verbe, la nature divine du Messie ; là, on nous parle du péché originel et de son rachat par le Christ, de la Jérusalem céleste, de la chute des démons, des hiérarchies des anges, du purgatoire et des châtiments de l'enfer, de la même manière qu'en parlent ceux dont nous li-

---

[17] « Les voyelles du texte intégral de la Bible hébraïque furent fixées – sous forme d'un système de points juxtaposés aux consonnes – vers le VIIIe siècle de l'ère actuelle par les successeurs des pharisiens. » *Jésus et les pharisiens*, par Claude Gruber-Magitot, Editions Robert Laffont, 1964 (p. 168).

sons quotidiennement les écrits : Saint Paul et Saint Denys, Saint Jérôme et Saint Augustin. » [18].

C'est vrai que par la kabbale – son étude et sa pratique – l'Homme a la possibilité de découvrir une technique personnelle d'harmonisation spirituelle lui permettant de se mettre en résonance avec l'essence de l'être universel. De cette façon, le kabbaliste parvient à ce que sa conscience objective s'entrouvre sur la contemplation des mystères divins.

Une des méthodes spécifiques de la kabbale est celle de la modification du nom. Il s'ensuit que, par quelque étrange manipulation à consonance mystique, le patronyme usuel se trouve transmuté en nom sacré.

Qu'est-ce qui permet, dans les *Epîtres* pauliniennes, de démontrer que Paul pratiquait, ou avait pratiqué, une telle technique ?

Il y a de fortes présomptions pour que la modification du prénom de Saül en Paul s'assimile à une application de la kabbale phonétique [19]. Elle permet de projeter ou d'intérioriser des sons dont la fréquence vibratoire est en harmonie, d'une part, avec le but poursuivi, d'autre part, avec celui qui les prononce. Si les exégètes ne sont pas d'accord sur les motivations de l'apôtre Paul, c'est que la plupart évitent de considérer le visage d'un Paul kabbaliste. Certains font résulter son changement de prénom de la conversion au christianisme du proconsul romain Sergius Paulus. Cela se passait dans l'île de Chypre, à la suite du miracle de Saül – son tout premier effectué publiquement – qui a consisté à rendre aveugle le magicien Bar-Jésus (*Actes*, 13 : 6 à 12).

---

[18] Cf. *Kabbalistes chrétiens* (p. 162).

[19] En Extrême-Orient, elle est appelée le mantra-yoga, technique de purification qui élève la fréquence vibratoire du corps subtil par la pratique du son verbal ou silencieux. Un mantra est une parole de force qu'il faut apprendre à prononcer.

Il est également possible que Saül, qui vivait à Tarse possédant la double citoyenneté juive et romaine, ait voulu se faire appeler Paul devant le Romain afin d'inciter à plus de respect.

Mais il est tout aussi probable que Saül ait accepté de se prénommer Paul afin de marquer irrévocablement la fin de son passé de pharisien et le début de son existence dans la voie christique. Le miracle punitif contre le magicien, accompli grâce à la confiance en Christ, a beaucoup contribué à ce changement de prénom.

Cela reste de toute manière une opération de kabbale qui permet à Paul de s'affirmer en tant qu'apôtre de lumière, ce qui n'aurait peut-être pas été possible s'il avait continué à se faire appeler Saül. S'il a changé son prénom, c'est bien qu'il connaissait l'influence phonétique et qu'il reconnaissait, par conséquent, que sa nature spirituelle avait été modifiée. Le mot *Saül* n'était plus en harmonie vibratoire avec son moi profond.

Il n'en est pas de même pour le nom de Jésus que Paul ne transforme pas, ni pour celui de Christ. La kabbale est transcendante lorsqu'elle s'applique à Jésus-Christ. Il faut comprendre par là que, tout en se rappelant que la thèse fondamentale que propage Paul est celle de la lumière, c'est-à-dire de la révélation, ce nouvel apôtre du Christ insuffle une signification divine. Il ne fait qu'élever le nom en exaltant son essence sacrée, ce qui le charge de lumière et de vérité.

Mettant à profit le temps passé en résidence forcée près de Rome, Paul écrit aux Hébreux. Il commence sa lettre en leur affirmant la prééminence du fils de Dieu qui a hérité d'un nom supérieur à celui des anges. « Rayonnement de sa gloire et empreinte de sa substance, ce Fils, qui soutient l'univers de sa parole puissante, s'en est allé siéger après avoir accompli la purification des péchés, à la droite de la Majesté au plus haut des cieux, devenu d'autant supérieur aux anges [20] que le nom qu'il a reçu en partage l'emporte sur le leur. » (*Hébreux*, 1 : 3,4).

Au sujet de la sacralisation du nom, il suffit de se reporter à l'*Epître aux Philippiens* dans laquelle Paul exalte la puissance du nom de Jésus. Il établit ainsi, conformément à ce qui se pratique en kabbale mystique, une interprétation qui va au-delà de la simple explication symbolique du nom de Jésus.

« Aussi Dieu l'a-t-il (le Christ-Jésus) exalté et lui a-t-il donné le Nom qui est au-dessus de tout nom, afin qu'au nom de Jésus tout genou fléchisse, aux cieux, sur terre et aux enfers, et que toute langue confesse que Jésus-Christ est Seigneur, à la gloire de Dieu le Père. » (*Philippiens*, 2 : 9 à 11).

Cette exaltation, que décrit Paul, du nom de Jésus, suggère une omnipotence qui s'exerce tant aux cieux que sur terre, et même aux enfers. Cela me fait penser au mot Schaddaï (שדי), terme hébreu signifiant omnipotence, qualité ou puissance divine que la tradition kabbaliste attribue à la lettre schin (ש).

Précurseur d'une nouvelle adaptation de la kabbale juive au Christ-Jésus, Paul pensait-il qu'un nouveau nom divin issu de IAVE (יהוה) allait émerger dans le monde occidental chrétien ? En effet, la lettre schin s'inséra au milieu des quatre lettres du Tétragramme sacré (יהוה) donnant Jehoshua ou IESCHOUA (יהשוה). L'interprétation qui lui est attribuée est l'incarnation du Verbe divin, l'effusion de la lumière divine par la venue du Fils de Dieu, le Christ-Jésus.

L'étude de la kabbale implique un cheminement qui conduit à une plus vaste prise de conscience de la lumière [21].

---

[20] La lecture des Epîtres pauliniennes laisse facilement supposer que la notion associée au terme *ange* doit être considérée dans le sens collectif, englobant les 9 degrés traditionnels de la hiérarchie angélique.

[21] J'ai développé ce thème plus longuement dans *IESCHOUA, la descente de Dieu*, Editions Ediru, 91540 Mennecy, 1994.

IV

PAUL FUT-IL INITIÉ ?

Paul a écrit quelque part que tout est permis. Recherchant dans quelle *Epître* j'avais lu ce propos bien osé, je retrouve cette curieuse phrase qui en précise, heureusement, la portée : « Tout est permis, mais tout n'est pas profitable. Tout est permis, mais tout n'édifie pas. » (*I Corinthiens*, 10 : 20).

Il n'est pas nécessaire de faire tout ce qui est permis. Encore s'agit-il de savoir reconnaître ce qui est spirituellement permis. Cette permission dont il est question doit effectivement être comprise dans son contexte spirituel, Paul ne propageant l'Evangile du Christ qu'en paroles imbibées de lumière. A la lecture de ses *Epîtres*, force est de constater que Paul est doué d'une perspicacité peu commune. Sans doute, et c'est ce que je crois, est-elle le résultat de son initiation à la lumière !

Sans affirmer d'une façon catégorique que Paul fut un Initié, plusieurs passages de ses écrits le laissent supposer.

L'étude des grands rénovateurs des idéaux humains ne contredit en rien l'image de Paul, apôtre ; tout au contraire. L'histoire de l'humanité abonde de personnalités exceptionnelles qui se sont élevées en gravissant les degrés de la connaissance initiatique. Presque tous démontrent qu'un être, qui paraît propager sans aucune préparation intellectuelle et mystique une doctrine ésotérique et religieuse, est vraisemblablement passé par le filtre lubrifiant de l'initiation.

« Selon la grâce de Dieu qui m'a été donnée, tel un bon architecte, j'ai posé le fondement. » (*I Corinthiens*, 3 : 10).

Certaines traductions comportent des qualificatifs différents : sage architecte ou maître architecte. C'est une terminologie bien trop spécifique pour ne pas l'avoir relevée. Architecte, ou maître architecte, désigne en effet un des plus hauts degrés d'initiation aux mystères antiques[22] et correspond au stade de réalisation acquis par l'Adepte[23].

Paul était-il déjà un Adepte lorsqu'il reçut la communion des trois piliers de la nouvelle secte chrétienne ?

Voyant « que l'évangélisation des incirconcis m'avait été confiée (on peut se demander par qui ?) comme à Pierre celle des circoncis – car Celui dont l'action a fait de Pierre l'apôtre des circoncis a fait aussi de moi l'apôtre des païens – et reconnaissant la grâce qui m'a été donnée, Jacques, Céphas et Jean, qu'on regarde comme des colonnes, nous tendirent la main à Barnabé et à moi en signe de communion : à nous les païens, à eux les circoncis. » (*Galates*, 2 : 7 à 9).

C'est là, à Jérusalem, que Paul a plus particulièrement été mis à l'épreuve. Car c'est « à la suite d'une révélation » (*Galates*, 2 : 2) que l'apôtre est venu à Jérusalem exposer son Evangile tout empreint de Christ. La communion qu'il y a reçue le fait reconnaître comme un véritable disciple du Christ, un Adepte.

Sa mission était de révéler que chacun possède Christ en lui : « J'en suis devenu le ministre en vertu de la mission que Dieu m'a confiée envers vous, et qui est d'annoncer en sa plénitude la parole de Dieu. » (*Colossiens*, 1 : 25).

Sa mission s'achève ; Paul est satisfait. Il est vrai que seul saint Paul est en droit d'estimer la réussite de sa mission. « Car pour moi, je suis déjà offert en libation, et l'heure de mon départ est venue. Jusqu'au bout j'ai combattu le bon combat, accompli ma course, gardé la fidélité. Il ne me reste plus qu'à recevoir la couronne de justice, qu'en ce jour-là me donnera le Seigneur, le juste Juge. » (*II Timothée*, 4 : 6 à 8).

---

[22] *Les gîtes secrets du Lion*, par Georges Williamson, 1958, repris dans la collection « L'aventure mystérieuse » n° A 289, Editions J'ai Lu, Paris, 1972 (p. 273).

[23] Stade de réalisation mystique auquel l'être qui, ayant dépassé toute appartenance initiatique et religieuse, se découvre en pleine possession des pouvoirs psychiques et spirituels nécessaires à l'accomplissement de sa mission.

On s'accorde généralement à penser que la mission de Paul lui fut révélée lors de sa conversion sur la route de Damas. Ce furent trois jours terribles et extraordinaires à la fois, puisque Saül fut physiquement aveuglé tout en devenant spirituellement illuminé.

Qu'une fois à Damas, il ose parler avec ferveur du Christ, Saül qui, quelques jours auparavant le haïssait, est la preuve que c'est effectivement au cours de ces trois jours qu'il a pris conscience d'une mission à remplir. Quelle sublime expérience mystique et spirituelle l'a ainsi convaincu à ce point ?

Répandre la doctrine du Christ jusqu'à ce qu'elle soit enfin acceptée, dépasse largement la durée d'une seule existence humaine. Aussi Paul ne peut que poser les jalons de la future Eglise christique. Il doit intimement être certain du but futur.

Peu de temps après, il recouvre la vue ; il est guéri. Toutefois, le regard spirituel voit déjà au-delà des apparences.

Etonné lui-même de son retournement, il commence à prêcher à Damas. Il n'est pas tout à fait prêt et aguerri pour sa mission. C'est un combat totalement différent dans ses racines, ses motivations, de celui auquel il s'acharnait précédemment.

Saül est déjà imprégné de lumière, mais il n'a pas encore le pouvoir de la transmettre en tant que Paul.

Pourtant, son illumination près de Damas n'est pas passée inaperçue pour tout le monde. Car, très vite, il est orienté vers l'Hauram, une région de l'Arabie où vivent des Sages, peut-être des Adeptes. Il y aurait reçu certaines initiations qui le préparèrent à sa mission.

L'étude de la kabbale a fait de Saül un kabbaliste juif que sa vision sur la route de Damas a transformé en kabbaliste christique [24]. Son ascension vers la lumière lui a purifié sa conscience. Pourtant, il ne semble pas encore être un Adepte conscient de sa vraie mission. Pour le devenir, Paul doit désormais remporter

---

24 Cf. le chapitre *Paul, le kabbaliste.*

des victoires, combattre l'idolâtrie païenne avec cette armure de lumière que représente sa foi en Christ.

Une question maintenant se pose. Paul connaissait-il l'existence de ce que les ésotéristes contemporains appellent la *Grande Fraternité Blanche* (GFB) ? Formant une hiérarchie de puissances spirituelles, la raison d'être de cette société de bien et de paix est de guider l'humanité vers un idéal de lumière, d'amour et de justice.

Si l'on se réfère à ce qui caractérise essentiellement la manière d'œuvrer des Adeptes de la GFB, on constate que ces guides de l'humanité utilisent le plus noble matériau qui maintient l'unité de l'univers : *l'amour*.

Cette notion, trop souvent incomprise par le commun des mortels, renferme pourtant deux sens complémentaires et liés dans leur expression que l'Adepte pratique constamment. Il s'agit de la *compassion*, c'est-à-dire la compréhension par le cœur qu'éprouve l'âme face à la souffrance d'autrui. La compassion est le fruit qui germe dans l'être parvenu à l'assimilation des expériences personnelles. Complément de la compassion, la *charité*, loin d'être cet amour purement intellectuel ou platonique du prochain, s'apparente surtout au secours et à l'aide sous toutes leurs formes, apportés à autrui, c'est l'Amour en action. Les adeptes de la GFB témoignent d'un tel Amour qui prend appui sur une connaissance intime des êtres vivants.

Paul qualifie la charité comme étant le plus grand don spirituel. Après avoir longuement écrit sur la charité, il conclut son exposé en ces termes : « la foi, l'espérance et la charité demeurent toutes les trois ; mais la plus grande d'entre elles, c'est la charité; » [25] (*I Corinthiens*, 13 : 13).

Peut-être que la meilleure preuve de l'appartenance de Paul à la communauté mystique de la *Grande Fraternité Blanche* est l'autorisation qui lui a été accordée de révéler l'existence de

---

[25] Cf. le chapitre *Paul et la charité.*

l'Ordre de Melchisédech dont le Christ est le grand-prêtre. Que représente, en fait, une telle fonction que certains traducteurs nomment souverain sacrificateur (44) ? « Tout grand-prêtre, pris d'entre les Hommes, est chargé pour les Hommes du service divin, afin d'offrir dons et sacrifices pour les péchés » (*Hébreux*, 5 : 1) ces péchés pouvant être autant ceux du grand-prêtre que ceux de l'humanité.

Le Christ ne s'est pas attribué cette dignité de lui-même, il la tient de Dieu qui lui a dit : « Tu es mon Fils, c'est moi qui t'engendre aujourd'hui. » Et encore ailleurs : « Tu es prêtre pour l'éternité selon l'ordre de Melchisédech. » (*Hébreux*, 5 : 5,6)

Roi de Salem et grand-prêtre du Dieu Très-Haut, Melchisédech alla au devant d'Abraham qui lui donna la dîme de tout. Bien que le pouvoir de ce roi soit puissant, son nom signifiant roi de justice, tempère souverainement sa puissance ; d'autant plus que le titre de roi de Salem peut se traduire par roi de paix.

C'est en lisant ce qu'en révèle l'apôtre Paul que peut mieux se comprendre l'importance spirituelle de la présence de ce patriarche biblique contemporain d'Abraham. Que Paul en parle dans son *Epître aux Hébreux*, d'une façon qui laisse envisager qu'il vit encore à son époque, donc quelque vingt siècles plus tard, fait supposer que Melchisédech a atteint l'immortalité.

Paul fournit des informations qui ont fait réfléchir de nombreux exégètes. Il dit de ce roi qu'il « est sans père, sans mère, sans généalogie, dont les jours n'ont point de commencement, ni la vie de fin, ce Melchisédech, assimilé au Fils de Dieu, demeure prêtre à jamais. » (*Hébreux*, 7 : 3).

L'interprétation la plus vraisemblable de ce que représente Melchisédech, paraît s'appliquer à un point de convergence naturelle de la dynamique énergétique mystique tant de la Planète que des êtres qui y vivent ; un peu comme l'Oméga de Teilhard de Chardin, mais dont la fonction serait assumée par des Hommes ayant atteint le sommet de l'évolution terrestre et même solaire. Tout comme un maître de classe est largement plus instruit que les élèves dont il a la charge, Melchisédech, en tant que logos planétaire, aurait réalisé la plus haute initiation conférée au titre du système solaire.

En s'adressant aux Hébreux, Paul sait que ce peuple véhicule une connaissance fort ancienne. Aussi se réfère-t-il à des notions différentes de celles qu'il emploie aux Eglises nouvellement formées. Familiarisé depuis sa plus tendre enfance au langage des pharisiens, ainsi qu'à la tournure d'esprit propre aux kabbalistes, Paul reprend de nombreux passages de la *Thora* pour illustrer et soutenir son message.

Pourtant, lorsqu'il aborde le thème de Melchisédech, il leur affirme qu'il a beaucoup à dire sur ce sujet, mais que c'est difficile à expliquer. Sans doute n'est-il pas autorisé à révéler toute la vérité sur cet énigmatique personnage biblique ; craint-il aussi de demeurer incompris ? Quoi qu'il en soit, il a abouti a un constat d'échec à l'égard des Hébreux, ce qui implique une connaissance profonde de la religion juive, et des peuples en général. Il leur dit en effet : « Vous êtes devenus lents à comprendre. Alors que le temps eût dû faire de vous des maîtres. » (*Hébreux*, 5 : 11,12).

Depuis l'époque de la propagation de l'Evangile par Paul, la GFB semble s'être abstenue de poursuivre la révélation de sa présence au-dessus des affaires du monde.

Il faut attendre l'apparition de la Société théosophique, en 1875, et plus particulièrement la publication des ouvrages fondamentaux par Mme Blavatsky [26], la fondatrice de ce mouvement, pour avoir une meilleure idée de ce que représente cette hiérarchie ésotérique de la Planète.

On trouve dans des livres récemment publiés nombre de précisions sur l'organisation effectivement très hiérarchisée de la GFB. Bien que la plupart des auteurs construisent leur démonstration à partir des ouvrages de la Société théosophique, il paraît

---

[26] Cf. note 14.

bien insensé de leur dénier toute valeur ; à moins de trancher définitivement en affirmant péremptoirement que la *Grande Fraternité Blanche* n'est qu'une pure affabulation.

Sans qu'il soit nécessaire de développer ici toutes les raisons qui convergent vers la réalité de la GFB, il paraît possible de l'associer à l'ordre de Melchisédech révélé par Paul. En effet, le chef spirituel, le guide suprême de la GFB, d'après les connaissances actuelles sur cette question, est Melchisédech.

Les *Epîtres* pauliniennes transpirent d'une connaissance spirituelle digne d'un missionné. De par son élévation mystique, le seul Livre du *Nouveau Testament* qui pourrait être mis en parallèle est le Livre de Saint Jean.

En résumé, afin d'être admis au sein de la *Grande Fraternité Blanche*, Paul devait être mis à l'épreuve. Celle-ci consistait à dépasser sa propre personnalité dans un dévouement pour le salut des Hommes. Acte de charité à la grandeur de l'exploit, puisque *Paul l'inventeur du christianisme* [27] a extraordinairement contribué à développer la petite secte juive, animée par les apôtres, en une véritable religion. Il a su s'effacer pour que rayonne le Christ.

Sa probation aurait duré toute son existence en tant que Paul. Cela implique que très peu d'êtres accèdent à cet état de grande réalisation mystique. Mais surtout, il faut avoir fait ses preuves pour être admis au sein de cette fraternité ésotérique de la Planète.

Ayant ainsi été accepté, après sa bien pénible et si merveilleuse mission, et après de nombreuses autres réincarnations, Paul vivrait actuellement en tant qu'Adepte de la *Grande Fraternité Blanche*.

C'est ainsi que se perpétue la chaîne des Initiés à la lumière [28].

---

[27] Titre explicite d'un ouvrage consacré à Paul (30).

[28] Cf. le chapitre *L'homme de lumière*.

V

PAUL A-T-IL PLAGIÉ LES ESSÉNIENS ?

Paul a beaucoup écrit ; heureusement pour le christianisme, puisque les *Epîtres* pauliniennes représentent la source originelle de la pensée chrétienne extraite du carcan judaïque. Malheureusement aussi pour Paul : ses *Epîtres* ayant fait l'objet de nombreuses exégèses, on a dit qu'il n'avait fait que reprendre à son compte certaines notions du sacré, voire des pratiques mystiques, appartenant à d'autres sectes juives que celle des pharisiens au sein de laquelle il a grandi.

Ainsi, ceux qui confrontent les *Epîtres* de Paul avec les textes des *Rouleaux de la Mer Morte*, remarquent des similitudes plus que troublantes. Elles laissent à penser que Paul avait connaissance des écrits généralement attribués aux esséniens.

Est-il possible de trancher définitivement ? Oui, me semble-t-il. Il suffit d'aborder ce dilemme selon deux périodes bien distinctes de la vie de l'apôtre : l'avant et l'après Damas.

Rameau de la religion juive, la secte des esséniens [29] était devenue indépendante dans son expression et son organisation, et surtout très fermée, depuis une centaine d'années, sinon plus.

Pour ce qui concerne Saül, donc avant Damas, le point essentiel qui conduit à soutenir qu'il n'avait aucune accointance avec les esséniens, réside dans sa personnalité, son caractère proche d'un pharisianisme intransigeant. Il est maintenant reconnu que Saül manifestait une réelle intolérance vis à vis des premiers chrétiens. Par conséquent, on peut supposer qu'il s'excluait de lui-même de la philosophie essénienne très imprégnée de l'amour du prochain.

Par conséquent, et ceci conformément à la tradition d'une telle secte très fermée, Saül n'a-t-il pu avoir accès aux écrits esséniens dont les textes les plus sacrés étaient pieusement réser-

---

[29] Les esséniens semblent avoir pris naissance au IIe siècle avant J.-C. pour s'éteindre à la fin du Ier siècle de notre ère. Les manuscrits découverts en 1947 à Qumrâm, en Jordanie, sont attribués à cette secte.

vés aux initiés de la Fraternité. Il est vrai que ce ne saurait être une certitude absolue. Saül était un pharisien érudit, ce qui a certainement contribué à avoir entre les mains quelques textes sacrés et secrets qui devaient circuler sous le manteau, mais non les plus importants. Paul écrit lui-même : « Par un attachement extrême aux traditions de mes pères, je surpassais en judaïsme bien des compatriotes de mon âge. » (*Galates*, 1 : 14).

Jusqu'à l'événement qui a spirituellement retourné l'adversaire du Christ, Saül a beaucoup étudié la *Thora*. On est donc en droit d'affirmer que Paul a naturellement inclus dans ses correspondances aux Eglises qu'il a fondées, des idées, des phrases représentant les points forts de la culture hébraïque et de la religion juive. En cela, il n'y a rien d'étonnant.

Tous les emprunts de Paul au judaïsme ne sauraient toutefois se réduire à une actualisation d'extraits de l'*Ancien Testament*, bien qu'ils lui furent utiles pour illustrer ses comparaisons et affirmer sa doctrine.

Pourtant, lorsque dans les *Epîtres* de Paul se découvrent des explications de l'enseignement du Christ, qui reprennent en partie certains commentaires propres aux esséniens, la surprise est grande, et peut effectivement laisser supposer que Paul a parfois plagié les écrits esséniens. Nombreux sont en effet les exégètes qui ont mis en parallèle quelques idées importantes de la doctrine paulinienne, développées dans la plupart des *Epîtres* de Paul, avec celles des manuscrits de la Mer Morte [30], ce qui écarte la simple coïncidence. C'est plus particulièrement remarquable lorsque l'on confronte le manuscrit dit de *La guerre des fils de la lumière contre les fils des ténèbres* avec certains versets des *Epîtres*.

Il ne faut pas oublier que, à la suite de ses initiations [31], Paul a naturellement été conduit à retenir et à pratiquer, sinon à les vi-

---

[30] *Les écrits esséniens*, par André Dupont-Sommer, éditions Payot, 1959, réédité en 1980.

[31] Cf. le chapitre *Paul fut-il initié ?*

vre, des notions acceptées dans toutes les fraternités initiatiques. L'utilisation par Paul de termes spécifiques à l'une d'entre elles fait clairement comprendre, non pas qu'il en était membre, puisqu'il aurait sans doute été tenu à la règle du silence et du secret, mais qu'il connaissait l'enseignement qui s'y professait.

Un exemple type, un mot précis, confirme bien cette équivalence. Paul n'emploie qu'une fois le nom de Bélial pour exprimer une opposition avec le Christ. Le terme de Bélial est tout à fait particulier aux *Rouleaux de la Mer Morte*. Dans le *Nouveau Testament*, il n'apparaît que dans le passage suivant : « Ne formez pas avec des infidèles d'attelage disparate. Quel rapport en effet entre la justice et l'iniquité ? Quelle union entre la lumière et les ténèbres ? Quelle entente entre le Christ et Bélial ? » (*II Corinthiens*, 6 : 14,15).

Cette progression dans les oppositions est plus nette en les regroupant : *iniquité*, ténébreux et Bélial s'opposent en effet à *justice*, lumière et Christ. Si Bélial fait régner l'iniquité et les ténèbres, Christ est le fondement de la justice et la source de la lumière spirituelle.

Souvent mentionnés dans les *Rouleaux de la Mer Morte*, les termes *iniquité* et *justice* s'y découvrent dans un même contexte. C'est bien l'emploi de cette opposition qui semble confirmer que Paul avait connaissance de la doctrine essénienne. Deux extraits de l'*Hymne d'action de grâce* confirment ce point de vue.

« O toi qui es le Dieu de toute science, c'est à toi qu'appartiennent toutes les œuvres de *justice* et les préceptes de vérité, mais au fils de l'Homme, il appartient de servir *l'iniquité* et les œuvres de tromperies. » (I : I, 21-30)

Et plus loin : « car l'Homme vit dans *l'iniquité* depuis sa naissance et dans l'infidélité du péché jusqu'à sa vieillesse. Je sais que la *justice* n'appartient pas à l'Homme ni au fils de l'Homme, la perfection de la conduire ; à un Dieu Très-Haut appartiennent toutes les œuvres justes. » (VII : V, 8-37) [32].

Il faut reconnaître que si, dans l'esprit, les *Epîtres* de Paul s'accordent avec certains écrits esséniens, il n'en est pas de même dans le fond où s'enracinent les dogmes.

Une analyse succincte, mais suffisante, au sujet des ressemblances d'expressions et de notions entre les traditions des *Rouleaux de la Mer Morte* et les *Epîtres* pauliniennes, figure dans l'ouvrage de Millar Burrows.

En y relevant, par exemple, ce qui se rapporte à la foi développée dans *Les manuscrits de la Mer Morte*, on s'aperçoit qu'elle est exclusive en le Maître de Justice, alors que la foi prônée par Paul signifie la foi en Christ [33].

La divergence essentielle qui apparaît dans les écrits pauliniens, lorsqu'on les compare aux manuscrits esséniens, réside précisément dans le cœur, expression de cette foi. Le Maître de Justice des esséniens paraît être le Supérieur spirituel de la secte. Infaillible et souverain, les membres ont tous foi en lui. Il dirige la communauté avec justice.

Mais pour Paul, c'est une justice qui reste malgré tout humaine, et ne saurait absorber la foi aussi divinement que la justice du Christ, dont les racines plongent dans la lumière.

---

[32] *Les manuscrits de la Mer Morte*, par Millar Burrows, collection « Les énigmes de l'univers », Editions Robert Laffont, 1972 (les deux citations y figurent aux pages 457 et 465).

[33] Cf. le chapitre *La foi paulinienne*.

VI

PAUL, LE MISSIONNAIRE

Paul a effectué de nombreux voyages dont les plus souvent mentionnés sont au nombre de trois. Indéniablement, tout le monde admet que les voyages de Paul furent le ferment du christianisme naissant ; il ne se serait pas autant développé jusqu'à s'étendre et même s'imposer en Occident.

Depuis longtemps déjà, Paul envisageait d'apporter la bonne parole jusque dans le fief des empereurs romains : Rome. Quand il y parvient, il constate avec joie que l'apôtre Pierre l'y a précédé. Pierre, « le Prince des apôtres qui, ayant dû fuir Jérusalem, après un court séjour à Antioche, est venu s'installer dans la capitale impériale, dont sa présence fait désormais la capitale du monde chrétien » (40, p. 27). Ainsi que le notent L. David et P. Lorctte, « la réalité du séjour et du martyr de saint Pierre à Rome n'en est pas moins avérée. Jamais dans les polémiques les plus anciennes, les papes ne se virent contester le précieux titre de *Successeurs de Pierre.* » (14, p. 16).

Si Pierre installa le flambeau de la nouvelle religion à Rome, on peut dire que Paul le fit resplendir puisqu'il fut un des personnages clé de l'édification et de l'expansion du christianisme.

Pierre et Paul, deux apôtres prépondérants dans la fondation du christianisme, que Luc, dans les *Actes des apôtres*, rapproche en complétant leurs actions : Pierre ayant pour mission de convertir les juifs, et Paul, celle d'évangéliser les nations païennes. Au chapitre 15, comme pour resserrer les liens entre Pierre et Paul, Luc rapporte un événement important : le *premier concile* dans l'Eglise de Jérusalem. Il expose les décisions prises relatives à l'observation de la loi moïsiaque par les païens qui embrassent le christianisme. Une lettre résume les principales décisions que Barnabas et Paul doivent apporter à l'Eglise d'Antioche. Etant donné le rôle donné par ce concile à Paul en tant que missionnaire du Christ chez les païens, il paraît utile de transcrire cette lettre qui date de 49 après J.-C. et dont l'œcuménisme en est l'essence.

« Les apôtres, les presbytes [34], vos frères, aux frères païens d'origine qui sont à Antioche, en Syrie et en Cilicie, salut !

Ayant appris que quelques-uns des nôtres – et cela sans aucun mandat de notre part – ont, par leurs propos, jeté le trouble parmi vous et bouleversé vos âmes, nous avons décidé d'un commun accord de choisir des délégués et de vous les envoyer avec nos bien-aimés Barnabé et Paul, ces hommes qui ont risqué leur vie pour le Nom de notre Seigneur Jésus-Christ. Nous vous envoyons donc Jude et Silas, qui vous porteront de vive voix le même message. L'Esprit-Saint et nous-mêmes avons décidé de ne pas vous imposer d'autre charge que ce qui est nécessaire, à savoir vous abstenir des viandes immolées aux idoles, du sang, des chairs étouffées et de la fornication ; de quoi vous gardant, vous ferez bien. Adieu. » (*Actes*, 15 : 23 à 29).

Cette lettre ne précise pas que la circoncision n'est plus obligatoire aux païens qui se convertissent. Toutefois, étant donné qu'elle conclut une discussion sur ce sujet, il est certain que les abstinences qui y sont imposées sont les seules obligations que tout chrétien – qu'importent ses antécédents religieux – se doit de suivre.

Il en résulte que tout ce qui faisait la force de la loi juive pratiquée depuis Moïse, ne trouve plus d'application à partir de maintenant. Les préceptes à respecter sont surtout axés sur la foi en Christ [35], en sa résurrection. Paul a renforcé la foi des nouveaux convertis autant par ses visites aux nouvelles Eglises que par ses messages épistolaires, alors qu'il était, la plupart du temps, retenu prisonnier.

Ce prosélytisme tous azimuts pour, infatigablement, répandre la doctrine christique, est un aspect positif de plus à mettre à

---

34 Terme qui désigne, dans les *Actes des apôtres* et les *Epîtres*, les pasteurs des Eglises, synonyme d'évêques.

35 Cf. le chapitre sur *La foi paulinienne*.

l'actif de Paul, démontrant qu'il savait ce qu'il devait faire. Jamais satisfait, Paul expliquait toujours ses prises de position soutenues par sa perspicacité spirituelle et sa foi en Christ.

Un exemple parmi d'autres. Voici ce qu'écrit Paul aux Romains, au sujet de la circoncision : « La circoncision est utile, si tu pratiques la loi ; mais si tu la violes, avec ta circoncision, tu n'es plus qu'un incirconcis. Si donc l'incirconcis garde les prescriptions de la loi, ne sera-t-il pas, malgré son incirconcision, tenu pour circoncis ? Et lui qui, physiquement incirconcis, accomplit la loi, te jugera, toi qui avec la lettre et la circoncision transgresses la loi. Car le juif n'est pas celui qui le paraît, pas plus que la circoncision n'est celle qui paraît dans la chair. Celui-là est juif qui l'est intérieurement ; la circoncision est celle du cœur, celle qui relève de l'esprit, non de la lettre. Et ce juif-là reçoit sa louange non des Hommes mais de Dieu. » (*Romains*, 2 : 25 à 29).

Alchimie spirituelle dont Paul a le secret, ces versets sur la circoncision, ne démontrent-ils pas sa réelle capacité d'élever dans la sphère de la lumière la compréhension des limites qu'impose la loi ?

Luc expose divers temps forts des trois voyages missionnaires de Paul. C'est donc à partir des *Actes des apôtres* que l'essentiel des voyages de l'apôtre est connu.

Le premier voyage de Paul est très long. Avec Barnabé et Marc, ils partent pour Antioche, puis parcourent l'île de Chypre et le Sud de l'Asie mineure.

A Chypre, Paul opère son premier miracle. Il inflige une punition au mage Elymas en le rendant aveugle (*Actes*, 13 : 11). Ce n'est pas tant ce miracle que sa conséquence qui est à relever puisqu'il permet la conversion du proconsul romain Sergius Paulus qui embrasse la foi prônée par Paul. Puis Luc, dans son récit, précise : « Alors Saül, encore appelé Paul, rempli de l'Esprit-Saint... » (*Actes*, 13 : 9).

C'est à la lecture de ce seul verset que de nombreux exégètes pensent que c'est grâce à cette conversion que Saül s'est ensuite fait appeler Paul. Pourtant, cela ne paraît qu'une précision donnée par Luc, sans relation profonde avec le réel motif de cette modification de nom [36], puisque Saül portait également le nom de Paul depuis sa naissance.

L'époque de ce voyage est incertaine. Mais, compte tenu des événements chronologiques de l'existence de Paul, la durée de ce premier périple de quatre ou cinq années, devrait se situer approximativement de 44 à 49 après J.-C.

Arrivés en Asie Mineure, Paul et Barnabé poursuivent leur mission sans Marc. A Pergé, Paul ressent les premières atteintes du paludisme qui le fera continuellement souffrir. Cette maladie ne l'empêchera pas de fonder de nombreuses communautés qui regroupent beaucoup plus de gentils que de juifs.

Dans la ville d'Icône (Iconium), ville de la Lycaonie, Paul vient loger chez Onésiphore et, dans la cour, il prêche chaque jour la doctrine du Christ.

Mais à l'insu de Paul et de la foule, une jeune fille, du haut de sa fenêtre, boit les paroles de l'apôtre, qui lui semblent directement adressées. La jeune vierge Thècle, pourtant promise à Thamyris, reste des heures durant, accoudée à sa fenêtre, jusqu'à délaisser sa famille et les mondanités.

A cause du trouble causé bien involontairement sur l'âme de Thècle, Paul est emprisonné. Le plus extraordinaire, compte tenu du contexte de la société où elle vit, est que, la foi de Thècle s'amplifiant, elle va jusqu'à braver les convenances de son âge, de son rang et de son milieu, pour venir écouter Paul jusque dans la prison, lui enseigner la foi en Christ (15, p. 225 à 253).

Par la suite, Thècle ayant plusieurs fois et miraculeusement, échappé au martyre, elle se retira au sommet d'une montagne près de Séleucie. La sainteté et la profonde foi en Jésus-Christ

---

[36] Cf. le chapitre *Paul, le kabbaliste.*

qu'elle manifesta, en firent un phare spirituel pour de nombreux chrétiens. Sa vie démontre que la femme a sa place dans la lumière christique.

Paul et Barnabé sont reçus à Lystres comme des dieux ; Paul y guérit un boiteux. Pourtant, continuellement en guerre contre les juifs, les habitants de Lystres traquent et lapident Paul, le laissant pour mort. Le lendemain, à peine remis de ses blessures, ils repartent ensemble pour Derbe. Là, de nombreux païens sont admis au baptême sans qu'ils aient été circoncis.

Tout au long de ce voyage, on remarque l'insistance de Paul à gagner les gentils à la cause du Christ ; en fait, tel est bien le fer de lance de sa mission.

Le second voyage de Paul, effectué de 49 à 52, est doublement important pour la chrétienté naissante.

D'une part, il commence à écrire aux Eglises fondées lors de son précédent voyage. En 50-51, il adresse de Corinthe, l'*Epître* la plus ancienne qui nous soit parvenue, la *Première Epître aux Thessaloniciens*. Quant à la *Deuxième Epître aux Thessaloniciens*, il est difficile d'affirmer si elle a été écrite quelques mois après la première ou « rédigée plus tard par un disciple de l'apôtre sur la base de la tradition authentique. » (43, p. 892).

D'autre part, une nouvelle orientation est donnée à sa doctrine après le discours devant l'Aréopage d'Athènes. Dorénavant, le christianisme assimile la tradition grecque. Bien que les Athéniens se soient moqués de Paul, plus particulièrement parce qu'ils n'admettaient pas la notion de résurrection des morts, « quelques Hommes cependant s'attachèrent à lui et embrassèrent la foi. De ce nombre furent Denys l'Aréopagite, une femme nommée Damaris, et d'autres avec eux. » (*Actes*, 17 : 34).

Paul se rend ensuite à Corinthe où, d'après ce que lui conseille le Seigneur, il reste un an et demi. Dès le début, toujours à cause des chicanes des juifs, il décide de quitter la ville mais, en vision, le Seigneur l'en dissuade. Plus tard, Paul adressera aux Corinthiens deux *Epîtres* que le *Nouveau Testament* a gardées.

La *Première Epître aux Corinthiens*, adressée d'Ephèse pendant le printemps de l'an 55, est l'une des plus riches en prises de position. Elle démontre que Paul agit avec une autorité spirituelle certaine. Paul « fixe les rapports entre la "sagesse du monde" et la "sagesse de Dieu" manifestée dans le Christ crucifié et lui seul, excommunie un incestueux, et commande la punition des pécheurs publics, expose la doctrine évangélique sur la chasteté, puis répond à la lettre de Corinthe sur les points : 1°, le célibat et le mariage chrétien 2°, les rapports permis ou interdits avec le paganisme ; 3°, la tenue dans les assemblées de culte, l'Eucharistie, les dons spirituels dont il était fait étalage, et la solidarité du corps du Christ. » (1, p. 171) Paul s'étend également sur le dogme de la résurrection, dans doute à la suite de son incompréhension par les Athéniens.

Si le christianisme s'implanta profondément en Grèce, c'est bien parce que des convergences essentielles existaient. « La philosophie grecque et nombre d'enseignements de Jésus avaient un but commun – tous deux visaient à l'émergence des individus, les Grecs à leur émergence sociale et politique, Jésus à leur émergence morale et spirituelle. Les Grecs enseignaient un libéralisme politique, Jésus enseignait le libéralisme spirituel conduisant à la liberté religieuse. » [37]. Oui, le terrain grec, favorable aux philosophies nouvelles, s'apprêtait à l'ensemencement des idées chrétiennes. Epicuriens et stoïciens ne s'affrontaient verbalement que pour mieux pénétrer le fond des choses.

Paul se lie d'amitié avec le philosophe stoïcien Sénèque (v. 4 av. J.-C., 65 ap. J.-C.), frère du proconsul Gallion. Parmi les apocryphes du *Nouveau Testament*, quatorze lettres (huit de Sénèque et six de Paul) furent regroupées et traduites en latin vers 380. Ce qui rapproche ces deux hommes fut leur mutuelle compréhension du divin. D'ailleurs, Paul écrit à Sénèque (lettre

[37] *Cosmogonie d'Urantia*, Editions Urantia, 1971 (P. 1805).

XIV) : « Il a été révélé à tes méditations des choses que la divinité a accordées à peu d'Hommes. » (15, p. 292).

Et plus loin, dans cette même lettre, Paul fait allusion à la sagesse à laquelle Sénèque est parvenu ; il la compare à cet « élément vital qui enfante un Homme nouveau, exempt de corruption, et qui attire perpétuellement à Dieu les âmes qui se portent vers lui. » Paul sait de quoi il parle puisque sa renaissance [38] a été soudaine.

A la lecture des livres dans lesquelles les auteurs se sont penchés sur la chronologie tant de la vie de saint Paul que de ses *Epîtres*, on reste confondu devant les grandes différences de dates ou même d'époques ; à commencer par l'année de naissance de Saül, de 5 à 10 après J.-C. (1). Il aurait vécu environ soixante ans.

Réflexion faite, est-il absolument nécessaire de vouloir fixer dans le temps le début de la propagation de la lumière christique ? N'est-elle pas présente depuis toute éternité dans les cœurs des êtres ?

C'est à partir de son troisième voyage apostolique que Paul écrit la plupart de ses *Epîtres*. Durant ce voyage, qui s'étend de 53 à 57 ap. J.-C., Paul reste à Ephèse plus de deux années (*Actes*, 19 : 10) d'où il adresse la *Deuxième Epître aux Corinthiens* qui semble avoir été complétée beaucoup plus tard par des textes de dates différentes, puis l'*Epître aux Galates*.

Il fuit Ephèse à cause de Démétrius, un orfèvre qui fabrique des temples de Dianes en argent (le mercantilisme religieux à des fins touristiques existait déjà). Démétrius voit ses ventes baisser à cause de Paul. Il monte contre lui les Ephésiens avec l'aide de ses ouvriers. Cette sédition est heureusement calmée, et Paul part pour la Grèce, ensuite pour la Macédoine, puis pour Troas.

---

[38] Cf. le chapitre *Paul, le deux fois né*.

Beaucoup de gens viennent régulièrement écouter Paul. Un jour, alors qu'ils sont tous réunis dans la chambre haute, une personne assise sur le rebord de la fenêtre s'endort et tombe du troisième étage. Paul la ranime, ou la ressuscite (*Actes*, 20 : 7 à 12).

A Millet, ayant fait mander les anciens de l'Eglise d'Ephèse, il leur fait son discours d'adieu, au cours duquel il leur annonce qu'ils ne le reverront plus.

Pourtant prévenu par un prophète venu chez les amis qui le logent, de ne pas se rendre à Jérusalem, Paul passe outre. Les voyant pleurer, il leur répond : « Pourquoi pleurer ainsi et me briser le cœur ? Je suis prêt non seulement à me laisser lier, mais encore à mourir à Jérusalem pour le Nom du Seigneur Jésus. » (*Actes*, 21 : 13).

Arrivé à Jérusalem, une machination conduite par les juifs se termine devant le tribunal qui fait fouetter Paul par le centenier. Paul juge sa cause perdue. Mais « la nuit suivante, le Seigneur apparut à Paul et lui dit : "Courage ! De même que tu m'as rendu témoignage à Jérusalem, ainsi faut-il que tu témoignes encore à Rome." » (*Actes*, 23 : 11).

De tels passages qui révèlent que Paul est constamment guidé par le Seigneur, ne manquent pas. Ils expliquent la pleine confiance de Paul en Christ, puisqu'elle plonge ses racines bien au-delà de la foi, bien au-dessus de la simple quiétude de l'esprit. De ses propres déclarations, Paul laisse nettement entendre qu'il sait où il va, c'est-à-dire qu'il connaît son but, même si la façon de l'atteindre lui est partiellement voilée. Il dit lui-même : « De ville en ville l'Esprit-Saint m'avertit que chaînes et tribulations m'attendent. Mais de toute façon ma vie m'importe peu, pourvu que j'achève ma course et que je remplisse ma mission que j'ai reçue du Seigneur Jésus de rendre témoignage à l'Evangile de la grâce de Dieu. » (*Actes*, 20 : 23,24).

Il reste à Jérusalem plus de deux ans en liberté surveillée, surtout parce qu'il doit éviter des ennuis avec les juifs, et cela jusqu'à la venue de Porcius Festus, successeur du gouverneur

Félix. Paul lui demande alors de comparaître devant le tribunal de César ; car, en tant que Romain, il avait la possibilité d'user de ce droit. A vrai dire, le nouveau gouverneur ne trouve pas de charges suffisamment accablantes. De même quand, plus tard, Paul se justifie à nouveau devant le roi Aggripa, celui-ci ne peut que conclure : « On aurait pu relâcher cet homme, s'il n'en avait appeler à César. » (*Actes*, 26 : 32).

Bien que le rapport pour César lui soit favorable, son transfèrement à Rome n'est pas de tout repos. Il garde confiance puisque le Christ-Jésus lui a dit qu'il irait à Rome porter son témoignage.

Le navire, sur lequel il s'embarque avec deux cent soixante seize personnes, fait naufrage. Paul redonne confiance à tout le monde en affirmant qu'un ange lui est apparu, lui disant que le navire s'échouera sur une île et que Paul comparaîtra devant César. Cette île est Malte. Au printemps de l'an 61, il repart en bateau et atteint Rome comme le Seigneur le lui avait promis.

Luc termine les *Actes des apôtres* en écrivant évasivement : « Paul demeura deux années entières dans un logement qu'il avait loué. Il recevait tous ceux qui venaient le trouver, prêchant le royaume de Dieu, et enseignant ce qui concerne le Seigneur Jésus-Christ, en toute assurance et sans entrave. » (*Actes*, 28 : 30,31).

C'est pendant cette période que, pense-t-on, Paul écrit l'*Epître aux Hébreux*. D'après certains auteurs, le style de cette lettre laisse penser que c'est un disciple qui l'a rédigée, mais pas l'apôtre. Pourtant Paul a toujours su adapter ses discours et ses écrits, ainsi qu'il le précise aux Corinthiens : « Oui, libre à l'égard de tous, je me suis fait l'esclave de tous, afin d'en gagner le plus grand nombre. Je me suis fait juif avec les juifs, afin de gagner les juifs ; sujet de la loi avec les sujets de la loi – moi qui ne suis pas sujet de la loi – afin de gagner les sujets de la loi. Je me suis fait un sans-loi avec les sans-loi – moi qui ne suis pas sans une loi de Dieu, étant dans la loi du Christ –, afin de gagner les sans-loi. Je me suis fait faible avec les faibles, afin de gagner les faibles. Je me suis fait tout à tous, afin d'en sauver à tout prix quelques uns. » (*I Corinthiens*, 9 : 19 à 22).

N'est-ce pas là, par son propre aveu, la preuve d'un Paul excellent missionnaire ?

Je pense sincèrement que l'*Epître aux Hébreux* est de Paul. Il n'a d'ailleurs eu qu'à se servir du matériau acquis lorsqu'il était encore étudiant sous la loi juive et que la lumière christique ne resplendissait pas dans son âme, ne l'en avait pas encore affranchi.

Afin d'apprendre comment Paul, sur ordre de César, a été tué, il est nécessaire de se pencher sur les apocryphes du *Nouveau Testament* et plus particulièrement sur les *Actes de Pierre et de Paul* (15), un écrit qui date du IIIe siècle environ.

Le César de l'empire est Néron. Les juifs voient très mal la prolifération de la secte chrétienne qui gagne jusqu'aux proches de l'empereur. Afin de saper l'influence chrétienne, les juifs suggèrent à Simon le magicien de se mesurer devant Néron avec Pierre et Paul. Au terme de plusieurs joutes oratoires, le magicien ayant affirmé que, s'il se jetait d'une tour et mourait, le troisième jour, il « se ressusciterait » tout comme l'a fait Jésus. Néron le prend au mot, et s'impatiente lorsque, trois jours plus tard, le magicien ne revient pas à la vie.

Malgré cela, Néron reste soupçonneux. Il fait périr Paul, qui a la tête tranchée, près de Rome sur la voie d'Ostie. Pierre est mis en croix, la tête en bas sur son désir, se jugeant indigne de mourir comme Jésus (15, p. 263 à 275). Cela se passe vers 65 ou 67 après J.-C.

Il reste cependant une question qui n'a pas encore reçu de réponse définitive. Paul a-t-il effectué le voyage en Espagne tel qu'il en exprimait le désir dans une de ses lettres ?

Dans l'*Epître aux Romains*, Paul projette en effet de se rendre en Espagne (*Romains*, 15 : 24 et 28). Rien ne confirme qu'il soit vraiment allé.

Pour E.B. Allo, « c'est chose à peu près démontrée aujourd'hui. » (1, p. 174). Pourtant, compte tenu de la personnalité de Paul, dans le cas où la réponse aurait été affirmative, l'Histoire de la chrétienté n'aurait pas passé un tel voyage sous silence.

Il semble tout simplement que Paul ait manqué de temps. Ce furent peut-être quelques disciples du Christ qui décidèrent d'y aller afin d'établir une jonction avec d'autres fraternités. Rappelons, en outre, que Paul pressentait sa fin prochaine.

Bien que son désir simplement humain de parfaire sa mission, ait été d'apporter l'Evangile du Christ jusqu'en Hispanie, sa mission, déjà surhumaine, était de se rendre à Rome, avec en prime, toutes les tribulations qui furent les siennes.

Il y est parvenu ; et Rome devient le nouveau phare de l'Occident, un centre spirituel de lumière.

VII

LA FOI PAULINIENNE

Paul ne cache pas que, pendant longtemps – jusqu'à 28 ou 30 ans – il a étudié la loi juive. Saül ne pouvait être à meilleure école puisque l'un de ses maîtres à penser est le célèbre rabbin juif Gamaliel, un pharisien. Paul écrit en effet : « Je suis juif, né à Tarse en Cilicie ; mais j'ai été élevé ici dans cette ville [39], et c'est aux pieds de Gamaliel que j'ai été instruit de la loi de nos pères et dans toute son exactitude. J'étais rempli de zèle pour Dieu, comme vous l'êtes tous aujourd'hui. » (*Actes*, 22 : 3).

Le *Talmud*, qui rapporte quelques unes des décisions de Gamaliel, le montre comme un homme à l'esprit libéral, voire tolérant. Luc révèle que, en parlant de la nouvelle secte que propagent les apôtres, Gamaliel propose de les laisser aller. En effet, dit-il : « si leur entreprise ou leur œuvre vient des Hommes, elles disparaîtra d'elle-même ; mais si vraiment elle vient de Dieu, vous ne pourrez la faire disparaître, et vous risquez de vous en prendre à Dieu. » (*Actes*, 5 : 38, 39). Un tel bon sens est sans doute rare, à moins que Gamaliel reconnaisse, pour lui-même mais sans l'avouer à ses correligionnaires, que ce nouveau courant qui remet en question les fondements de la religion juive, soit une émanation de l'Unique.

Les pharisiens admettaient la résurrection, et Gamaliel, très versé dans l'étude kabbalistique de la *Thora*, ne pouvait catégoriquement réfuter les allégations des disciples sur le fait que Jésus soit ressuscité.

Gamaliel possédait une foi en la puissance divine, fortifiée par l'étude du *Pentateuque*. Sa foi ne résultait pas de l'expérience. Elle restait malgré tout limitée à la compréhension des sujets qu'il approfondissait. Celui de la résurrection devait forcément se réduire à une loi logique, mais non encore vérifiée.

---

[39] Il s'agit de Jérusalem où Paul se disculpe devant le tribunal qui l'a quand même fait fouetter.

D'une obligation stricte, la loi juive est un carcan. Toute loi est une enceinte protectrice, qu'elle soit librement acceptée ou durement imposée, plus encore lorsque cette loi est de nature religieuse. Il ne faut surtout pas tenter de briser cette chaîne génératrice de tabous, au risque de se voir frapper d'anathème.

Au temps de Saül, la lapidation était de règle pour celui qui avait désobéi à la loi juive. Paul, qui a osé contrer la loi, fut lapidé. C'était à Lystre, ainsi que Luc le rapporte : « Alors d'Antioche et d'Iconium survinrent les juifs qui gagnèrent les foules, lapidèrent Paul et, le croyant mort, le traînèrent hors de la ville. » (*Actes*, 14 : 19).

Peut-on assimiler ce fâcheux épisode à la loi selon laquelle celui qui fait périr par l'épée, périra par l'épée, comme étant le résultat d'une simple réaction de cause à effet ? En effet, Saül avait assisté à la lapidation d'Etienne et approuvé son meurtre (*Actes*, 8 : 1).

La loi permet de connaître les limites et les conséquences d'un acte. Toutefois, la fourchette d'incertitude varie selon le degré du savoir de celui qui l'a étudiée. La foi, au contraire, garde latente dans le cœur la possibilité de modifier « par décret divin » ce que la loi avait prévu. La foi peut effectivement soulever des montagnes. Les barrières de l'impossible s'estompent devant celui qui possède une foi inébranlable.

Un gouffre – une éternité – sépare le Saül qui façonne sa conduite selon la loi, du Paul qui modèle son existence suivant sa foi.

La loi retient, ancre des habitudes qui, malgré tout, n'appartiennent foncièrement pas à l'être. Dépasser ou anéantir les habitudes, c'est se dégager de la loi.

Tout au long de ses *Epîtres*, Paul affirme une notion réellement nouvelle pour les juifs, notion qui prend sa source dans les profondeurs de l'être : une foi libre de tout préjugé humain.

Bien souvent, une interdiction décrétée par la loi, montre du doigt ce qui, par un effet inverse, devient le centre d'intérêt, objet de curiosité.

Penchons-nous sur un exemple célèbre que relate la *Genèse*. Le narrateur biblique y brosse un tableau d'Adam et Eve au paradis. Dans un geste, non pas de connivence, mais de partage, Eve offre à Adam une pomme cueillie à l'arbre de la connaissance du bien et du mal ; et cela malgré l'interdiction divine d'en consommer (*Genèse*, 3 : 2 à 6).

Qui a vraiment tort ? Adam, Eve ou le serpent ? Aucun d'eux ; même pas le serpent qui ne figure ici qu'en tant que symbole de la force de vie que canalise la colonne vertébrale. Les Hindous l'appellent *kundalini*, la puissance du serpent. Quand elle n'est pas déployée par la volonté spirituelle, *kundalini* reste lovée, tel un serpent, près des organes sexuels. Une fois éveillé, ce serpent de vie monte le long de la colonne vertébrale et met successivement en mouvement (ou réveille) les principaux chakras (roues de vie) au nombre de sept. Au moment où s'éveille le dernier chakra, le chakra coronal (le lotus aux mille pétales), l'illumination intervient ; c'est le nirvana hindou.

Tous les pharaons portaient sur le front, la représentation d'un naja, l'uréus. Cela prouve qu'ils connaissaient cette force de vie, et qu'ils avaient atteint ce haut niveau d'évolution mystique – la conscience cosmique – à la suite de la dynamisation du chakra coronal.

Le rôle du serpent initiateur, dans la Genèse, est évident. Dieu, dans son omniscience, prévoyait, par conséquent, l'avenir du couple originel, ou de l'humanité adamique [40]. Aussi, afin de les orienter vers la prise de conscience de leur propre et vraie nature, Dieu interdit-il à Adam et Eve de manger du trop célèbre

---

40 Expression que Jean Phaure a consacrée depuis la parution de son ouvrage *Le cycle de l'humanité adamique*, collection « Histoire et Traditions », Dervy-livres, 1973.

fruit de la connaissance du bien et du mal, qui déclenche le processus irréversible de la réflexion existentielle.

Il n'est surtout pas possible de donner tort à Dieu. L'inéluctabilité de la destinée consciente de nos premiers aïeux étant de se poser les trois questions fondamentales « d'où vient, qui est, où va l'Homme ? » Dieu, dans son infinie sagesse, n'a fait qu'accélérer la marche du destin, sachant pertinement quelles en seront les conséquences.

On peut mieux comprendre la raison pour laquelle Paul, intellectuel de la *Thora*, se montre dur envers la loi qui lui a fait connaître le péché, la convoitise. « La loi serait-elle péché ? Jamais de la vie ! Seulement, je n'ai connu le péché que par la loi. Je n'aurais certes pas connu la convoitise, si la loi n'avait dit : Tu ne convoiteras pas. » (*Romains*, 7 : 7).

Est-ce dire que le meurtre et l'adultère, par exemple, que désignent les Tables de la loi moïsiaque, n'étaient pas auparavant considérés comme péchés ? Si, bien sûr ! mais la loi en a donné une plus grande conscience tout en imposant des limites par l'institution d'une justice humaine.

En fait, on peut affirmer que la loi, à son insu, préparait le terrain à la foi. Paul l'affirme lui-même lorsqu'il explique : « Avant la venue de la foi, nous étions enfermés sous la garde de la loi pour y attendre la révélation de la foi. Ainsi la loi nous a servi de pédagogue chargé de nous mener au Christ, en vue de notre justification par la foi. Mais la foi venue, nous ne sommes plus sous l'autrorité d'un pédagogue. En effet, vous êtes tous fils de Dieu par la foi au Christ Jésus ; vous tous qui avez été baptisés dans le Christ, vous avez revêtu le Christ. » (*Galates*, 3 : 23 à 27).

Le péché en tant que tel, se fait reconnaître par le biais de la loi. L'animal tue pour se nourrir, poussé par la faim, mais ne commet pas de meurtre pour sa seule satisfaction. La loi est spirituelle et l'Homme est charnel ; il se trouve donc naturellement consentant au péché. Paul, par ses réflexions, conduit le lecteur de l'*Epître aux Romains* dans un labyrinthe où semble se dissocier l'unité de l'être qui s'exprime parfois en phase de pleine volition, parfois en phase opposée de nolition. Il en résulte que l'être s'apperçoit peu à peu que la chair obéit à la loi du péché alors que la vie obéit à la loi de l'esprit.

L'Homme peut s'extraire de la loi de la chair en se conformant à la loi de l'esprit. Cela lui est dorénavant permis, puisque « ce que ne pouvait la loi que la chair rendait impuissante, Dieu l'a fait en envoyant en vue du péché son propre Fils dans une chair semblable à celle du péché ; il a condamné le péché dans la chair, afin que la justice exigée par la loi s'accomplit en nous, dont la conduite s'inspire non de la chair, mais de l'Esprit. » (*Romains*, 8 : 3,4).

Salutaire rédemption pour qui délaisse la chair pour se tourner vers l'esprit. Paul s'étant libéré de la loi de la chair, ne pouvait que répandre la doctrine de l'esprit christique.

Comme la plupart des juifs se sont cloîtrés dans la loi, ce sont les païens, les gentils qui ont constitué le « corps du Christ » (*Ephésiens*, 4 : 12 et *I Corinthiens*, 12 : 27).

Et pourtant, « dans l'esprit de Paul, toute distinction entre juifs et gentils n'avait plus aucune valeur, car la révélation de Damas l'avait persuadé que le dilemme spirituel de l'humanité ne pouvait trouver de solution ni dans la Thora ni dans aucun code moral, mais dans la seule « foi », c'est-à-dire dans l'identification avec le sacrifice cosmique de Jésus, considéré comme un être divin. » (30, p. 209).

Ce qu'il y a dorénavant de certain, et qui transparaît dans les *Epîtres*, c'est que Paul a radicalement substitué la foi à la loi.

La foi n'est pas une grâce nouvelle dans l'Histoire de l'humanité. Elle n'a simplement pris plus de profondeur et d'assurance que depuis deux mille ans.

Ceux qui, dans les temps anciens, l'ont possédée, ceux qui conduisaient leur existence avec les rênes de la foi, ont obtenu la certitude qu'ils ne faisaient plus partie de ce monde de souffrance et de doute, sources de tensions. Mais ils ne savaient pas la définir avec notre vocabulaire actuel. C'était une foi qui amplifiait leur confiance spirituelle, sans toutefois être assurés pouvoir s'y absorber totalement un jour.

C'est en vivant une telle foi que nous ont devancé Abel, Enoch, Noé, Abraham, Sara, Isaac, Joseph, Moïse et de nombreux autres conducteurs-initiateurs, « sans avoir vu s'accomplir les promesses, mais après les avoir aperçues et saluées de loin et s'être qualifiés d'étrangers et de voyageurs sur la terre. Ceux qui parlent ainsi montrent bien qu'ils sont à la recherche d'une patrie. Et s'ils avaient eu en vue celle d'où ils étaient sortis, ils auraient bien trouvé l'occasion d'y retourner. Mais non ; c'est à une patrie meilleure qu'ils aspirent, la patrie céleste. » (*Hébreux*, 11 : 13 à 16).

Mais alors, peut-on se demander, qu'est-ce donc que la foi ? Paul explique que « la foi est la garantie de ce que l'on espère, la preuve de ce que l'on ne voit pas. » (*Hébreux*, 11 : 1).

Ne pouvant être associée à une preuve qui, elle, est humaine, la foi se révèle être un don de Dieu. Déjà *Habacuc* (2 : 4) prophétisait : « le juste vivra en sa foi. » Paul, reprenant à son compte cette pensée, écrit : « Le juste vivra par la foi. » (*Galates*, 3 : 11) [41]. C'est une foi que Dieu insuffle dans le cœur du juste, et qui le pousse à dire *je crois* au lieu de *je sais*.

Insistons encore en relevant cette confirmation de Paul : « C'est par la grâce en effet que vous êtes sauvés, moyennant la foi. Cela ne vient pas de vous, c'est un don de Dieu. » (*Ephésiens*, 2 : 8).

En quoi la foi paulinienne se différencie-t-elle de la foi de l'*Ancien Testament* ? La réponse tient en peu de mots. Paul justifie ses propres œuvres par la foi en Jésus-Christ, ainsi qu'il écrit : « Nous avons cru, nous aussi, au Christ Jésus, afin d'être justifiés par la foi au Christ et non par la pratique de la loi ; car

[41] Pour ces deux extraits bibliques, voir bibliographie (44).

personne ne sera justifié par la pratique de la loi. » (*Galates*, 2 : 16).

Sa démonstration ne prend plus de vigueur que parce qu'il a expérimenté la lumière christique. Dorénavant, il s'efface, lui Paul, pour céder la place au Christ resplendissant, grâce à qui il connaît d'avance son chemin et est assuré de vivre l'accomplissement de son idéal. Ainsi peut-il affirmer : « Je suis pour jamais crucifié avec le Christ ; je vis, mais non pas moi, c'est le Christ qui vit en moi. Et si présentement je vis dans la chair, j'y vis dans la foi au Fils de Dieu, qui m'a aimé et s'est livré pour moi. » (*Galates*, 2 : 19, 20).

La fin de ce verset résume, d'une part, la transformation de Saül en Paul – Christ m'a aimé –, d'autre part, la justification de sa nouvelle existence en tant qu'apôtre – Christ s'est livré pour moi. Cette sublime prise de conscience a définitivement orienté la transmutation mystique de Paul.

A présent, la descente de la lumière christique dans sa conscience objective, s'effectue par vagues successives toutes les fois que l'imposent les nécessités de sa mission.

La foi de Paul en Christ est synonyme de confiance absolue. Si elle l'est tellement, jusqu'à ne pas craindre la mort, c'est réellement parce qu'il a expérimenté ce qui se cache derrière le voile des apparences. C'est pourquoi il ne craint pas d'écrire aux Corinthiens : « Car nous cheminons dans la foi non dans la claire vision... Nous sommes donc plein d'assurance et préférons quitter ce corps pour aller demeurer auprès du Seigneur. Aussi, que nous demeurions en ce corps ou que nous le quittions, avons-nous à cœur de lui plaire. » (*II Corinthiens*, 5 : 7 à 9).

Cela ressemble à des projections psychiques ou astrales. Paul devait souvent effectuer de telles sorties hors de son corps, ou être en extase, phénomènes qu'il traduit par visions. Il a ramené de ses visites dans le royaume de la lumière une volonté extraordinaire de servir et une foi en Christ si ancrées dans son être que plus rien, ni la souffrance, pas même la mort, ni personne, encore moins ceux restant soumis à la loi, ne pourront ébranler.

Le fondement de la foi paulinienne réside dans la connaissance divine directement perçue. La foi de Paul est synonyme de certitude spirituelle, puisqu'elle résulte de l'expérience.

Dans les *Epîtres* pauliniennes, les passages qui révèlent que Paul a expérimenté la lumière, ne manquent pas [42].

Aussi est-ce tout naturellement, parce qu'il a vécu la réalisation christique, que Paul peut affirmer aux Ephésiens : « Jadis, vous étiez ténèbres, mais à présent vous êtes lumière dans le Seigneur ; conduisez-vous en enfants de lumière. Or le fruit de la lumière, c'est tout ce qui est bon, juste et vrai. Discernez ce qui est agréable au Seigneur. » (*Ephésiens*, 5 : 8 à 10).

Paul a désiré de toutes ses forces, avec la grâce du Christ, faire passer son message rédempteur. Il faut en convenir : il a réussi puisque le feu divin qui couvait en lui, s'est allumé, et s'est mis à crépiter en de multiples Eglises réunies dans l'Eglise chrétienne.

Tout au long de sa vie de missionnaire martyr, Paul a transmis sa propre foi à ceux qui n'ont pas eu le privilège d'accéder à la lumière christique, révélatrice de la raison suprême de l'existence. Quel était l'objet de sa foi ? La venue du Christ, sa crucifixion et surtout sa résurrection afin que nos péchés soient absous devant Dieu.

« Or, si l'on prêche que le Christ est ressuscité des morts, comment certains parmi vous peuvent-ils dire qu'il n'y a pas de résurrection des morts ? S'il n'y a pas de résurrection des morts, le Christ non plus n'est pas ressuscité. Mais si Christ n'est pas ressuscité, alors notre prédication est vide, vide aussi votre foi. » (*I Corinthiens*, 15 : 12 à 14). C'est la pierre angulaire de sa foi et de celle que les gentils ont éveillée en eux-mêmes.

---

[42] Cf. le chapitre *L'Homme de lumière*.

Contraint, par conséquent, à intellectualiser ce mystère divin, Paul explique ce qui lui en a été révélé dans ses visions. En résumé, la résurrection des morts ne concerne pas la chair. L'Homme ayant été semé corps animal, il ressuscite en corps spirituel. « Il y a des corps célestes et des corps terrestres, mais autre est l'éclat des célestes, autre celui des terrestres. Autre l'éclat du soleil, autre l'éclat de la lune, autre l'éclat des étoiles. Une étoile même diffère en éclat d'une étoile. Ainsi en va-t-il de la résurrection des morts : on sème de la corruption, il ressuscite de l'incorruption ; on sème de l'ignominie, il ressuscite de la gloire ; on sème de la faiblesse, il ressuscite de la force ; on sème un corps physique, il ressuscite un corps spirituel. » (*I Corinthiens*, 15 : 40 à 43).

Quel merveilleux sujet de méditation, propre à renforcer notre foi, afin que s'épanouisse notre lumignon et qu'il resplendisse en une plus grande lumière !

VIII

PAUL ET LA CHARITÉ

Paul s'efforce constamment, par son existence exemplaire et ses développements épistolaires, de communiquer la principale justification de sa foi, sa transcendance, qui est la venue – ou plutôt la manifestation – du Christ sur la Terre ; cela afin d'aider l'humanité à franchir le cap de la prise de conscience de sa propre divinité.

Dieu a accordé à Paul la grâce « d'annoncer aux païens l'insondable richesse du Christ, et de mettre en lumière le plan de ce mystère, tenu caché depuis l'origine des siècles en Dieu le créateur de toutes choses, afin que par le moyen de l'Eglise soit maintenant montrée aux Principautés et Dominations qui sont dans les cieux, la sagesse infiniment riche de Dieu. Et cela, conformément à l'éternel dessein qu'il a conçu dans le Christ Jésus notre Seigneur, qui nous donne, si nous avons la foi en lui, la hardiesse de nous approcher de Dieu avec confiance. » (*Ephésiens*, 3 : 8 à 12).

En dépassant ce que la loi décrétait impossible, la résurrection de Jésus-Christ démontre ainsi qu'un nouveau portail s'est ouvert devant les Hommes, celui au-delà duquel se présentent l'infini et l'éternité. L'espace vient tout juste d'être conquis, le temps, seulement compris.

Une telle lenteur manifeste clairement une apathie psychique et intellectuelle de l'être. Conséquence : un retard dans l'évolution du comportement de l'Homme, le laissant encore insuffisamment conscient de lui-même ainsi que du cosmos au sein duquel il existe.

Heureusement, depuis la venue du Christ, il a la possibilité d'accélérer sa progression vers la connaissance de sa propre éternité dont le secret lui reste encore voilé, à cause de son incertitude spirituelle ; secret qui, malgré ses doutes, est à la porte de celui qui fortifie sa foi en Christ. Bien que la différence – qui n'est peut-être simplement qu'un leurre formé par le doute – soit apparente entre la théorie et la pratique de l'amour christique, leur fusion est beaucoup plus facile à opérer qu'on ne le croit. Il suffit de considérer ce qui est extérieur à soi comme une extension de son Soi. Tout s'harmonise alors, car tout retourne à l'unité de l'amour.

Sur la manière d'atteindre cette perfection, voici comment Paul l'envisage : « Ne recherchez pas votre propre intérêt ; pensez aussi à celui des autres. Ayez entre vous les sentiments qui furent ceux du Christ Jésus : Lui, de condition divine, ne se prévalut pas d'être l'égal de Dieu, mais il s'anéantit lui-même, prenant condition d'esclave, et se faisant semblable aux Hommes. Offrant ainsi tous les dehors d'un homme, il s'abaissa lui-même, obéissant jusqu'à la mort, et à la mort de la croix. » (*Philippiens*, 2 : 4 à 8).

Cette effusion du Christ parmi les Hommes est un événement divin dont peu d'êtres ont perçu toute la portée. Ses répercussions sont à l'échelle de l'humanité. Que la présence de son empreinte paraisse inexistante vient de ce que son influence agit plus particulièrement sur les cœurs.

Pour l'avoir compris, pour y avoir goûté, Paul nous conseille de participer à la réunification des Hommes, dans l'amour du Christ, d'abord entre eux, puis avec eux-mêmes. Comment y parvenir ? Par la pratique de « la charité qui est le lien de la perfection. » (*Colossiens*, 3 : 14). Le lien entre les Hommes, pour se reconnaître dans l'autre, pour découvrir le Christ là où l'on ne s'attendait pas, ou plus, à le trouver, c'est la charité. Pratiquer la charité, c'est s'ouvrir à l'amour du Christ. C'est se préparer à ce que son effusion devienne perceptible en soi-même. « Pour vous, frères, c'est à la liberté que vous avez été appelés. Seulement, ne faites pas de cette liberté un prétexte pour satisfaire la chair ; faites-vous plutôt par la charité les serviteurs les uns des autres. Toute la loi en effet tient en cet unique précepte : Tu aimeras ton prochain comme toi-même. » (*Galates*, 5 : 13,14).

L'apôtre du Christ adresse aux Corinthiens une très belle « *apaul*ogie » de la charité. Elle débute par le constat, évident pour Paul, qu'il est inutile de posséder la connaissance et la foi, si l'on n'a pas la charité. Dans un précédent chapitre, Paul annonçait déjà : « Mais la science enfle ; c'est la charité qui édifie. » (*I Corinthiens*, 8 : 1). Il ressort de l'exposé de Paul, que celui qui existe par la charité est semblable à l'ascète qui s'anéantit en Dieu, Dieu se révélant dans tous les êtres.

Etant tellement imprégnés de cette grâce, Paul ne se rend sans doute pas compte qu'il décrit sa propre charité, celle qu'il vit et fortifie depuis Damas, la suprême charité, le lien parfait. « La charité est longanime ; la charité est serviable ; elle n'est pas envieuse ; la charité ne fanfaronne pas, ne se rengorge pas ; elle ne fait rien d'inconvenant, ne cherche pas son intérêt, ne s'irrite pas, ne tient pas compte du mal ; elle ne se réjouit pas de l'injustice, mais elle met sa joie dans la vérité. Elle excuse tout, croit tout, espère tout, supporte tout. » (*I Corinthiens*, 13 : 4 à 7).

C'est très beau, c'est émouvant, c'est paulinien.

Ce chapitre sur la charité, qui est beaucoup plus long, se termine sur une affirmation selon laquelle la charité est la pierre de faîte du temple chrétien, ses deux colonnes étant la foi et l'espérance : « Bref, la foi, l'espérance et la charité demeurent tous les trois ; mais la plus grande d'entre elles, c'est la charité. » (*I Corinthiens*, 13 : 13).

Par conséquent, conclut Eliphas Lévi, un occultiste du siècle passé, « cette parole est la promesse du règne de la fraternité. » [43].

En précurseur, Paul enseigne un humanisme parfait, que les Hommes prendront comme idéal.

Est-il dans les capacités de l'Homme de manifester l'amour avec autant de puissance et de volonté que le Christ ? A lire et relire les *Epîtres* de Paul, j'en viens à me dire que seul Christ est

---

43 *La science des esprits*, par Eliphas Lévi, Guy Trédaniel Editeur, 1976 (p. 105).

capable d'un réel amour. Christ est la présence de Dieu dans l'être. Aussi ne se laisse-t-il approcher que par celui qui est prêt à le percevoir, à le ressentir. Alors, l'être retrouve l'unité avec son âme, l'harmonie divine ; il a enfin accès à la vie pleinement consciente. C'est bien ainsi que m'apparaît Paul. Il s'est tant ouvert à Christ qu'il ne fait plus qu'un avec lui. Comme certains passages de ses lettres le révèlent, il arrive que Paul avoue que ce n'est pas lui qui agit mais Christ. « Je suis pour jamais crucifié avec le Christ : je vis, mais non pas moi, c'est le Christ qui vit en moi. Et si présentement, je vis dans la chair, j'y vis dans la foi au Fils de Dieu qui m'a aimé et s'est livré pour moi. » (*Galates*, 2 : 19,20). Il s'identifie tellement à Christ qu'il confesse aux Colossiens : « Je me réjouis à cette heure des souffrances que j'endure pour vous, et je complète en ma chair ce qui manque aux épreuves du Christ. » (*Colossiens*, 1 : 24).

Quant aux êtres humains, incapables d'amour par eux-mêmes, à cause de leur imperfection, ils s'élèvent lentement dans la lumière christique par la pratique de la charité. Autrement dit, Christ rayonne son amour vers et dans l'Homme qui, à son tour, transforme cet amour en charité envers autrui.

Plus l'être progresse vers son Christ intérieur, plus s'effuse en lui l'amour divin, et plus la charité lui paraît naturelle pour vivre en collectivité.

Accepter la charité comme nouvelle trame de sa vie, afin de la considérer comme purificatrice de la chair, n'est pas donné à tout le monde. Bien que nous ayons tous au fond de nos motivations existentielles la charité qui est l'élan naturel de l'être vers autrui, les désirs de la chair forment souvent des filtres qui la teintent ou qui la convertissent. Ces filtres, issus de la chair, ont pour noms : égoïsme, intérêt, paresse, colère, ignorance, etc. Il est en effet difficile d'exprimer ce lien parfait du Christ en nous, c'est-à-dire, une « charité qui naît d'un cœur pur, d'une bonne conscience, et d'une foi sincère. » (*I Timothée*, 1 : 5).

Tout au long de ses *Epîtres*, Paul conseille ce qu'il y a de mieux à faire pour rester dans la voie qui mène à Christ. Certes, la foi est importante mais elle n'est pas tout. Oui, c'est vrai qu'il faut demeurer ferme dans la foi [44], il faut devenir des êtres humains à part entière avec ce que cela suppose de divin en l'Homme. La foi se fortifie par des actions faites avec la charité comme support. La charité ne se trouve nullement dans l'intempérance, la nonchalance, le doute, la vanité. « Dieu en effet ne nous a pas donné un esprit de timidité, mais de force, de charité, de maîtrise de soi. » (*II Timothée*, 1 : 7) [45].

Dans l'*Epître aux Romains*, Paul s'applique à donner quelques recettes simples pour rendre efficace la charité. Il est évident qu'il faut éviter qu'elle garde un arrière goût d'hypocrisie, mais au contraire qu'elle ait le mal en horreur et qu'elle s'attache fermement au bien. « Aimez-vous les uns les autres d'un amour fraternel, prévenez-vous de mutuels égards. Pas de nonchalance dans le zèle ; ayez l'esprit fervent : c'est le Seigneur que vous servez. Soyez joyeux dans l'espérance, constants dans la tribulation, persévérants dans la prière. Prenez votre part dans les besoins des saints ; pratiquez avec empressement l'hospitalité. » (*Romains*, 12 : 10 à 13).

La charité de Paul le rend tolérant (lire ses préceptes sur la tolérance dans *Romains*, chapitre 14) à un point tel que sa conscience le laisse en paix où qu'il se trouve et quoi qu'il achète.

Même invité chez un non-croyant, il mange de tout ce qui lui est servi. Une restriction toutefois. Si on l'avertit que la nourriture qu'on lui présente a déjà été offerte en sacrifice, il la refuse ; non pas à cause du sacrifice, mais par égards à celui qui le prévient.

---

[44] Cf. le chapitre *La foi paulinienne*.

[45] Louis Segond a traduit pas « un esprit de force, d'amour et de sagesse. » (44).

Voici cet extrait d'une *Epître aux Corinthiens*, par lequel se constate le respect de la croyance d'autrui ; sa psychologie en est désarmante.

« Mangez tout ce qui se vend au marché, sans poser de questions par motif de conscience... Mais si quelqu'un vous dit : « ceci a été offert en sacrifice », n'en mangez pas, à cause de celui qui vous a prévenu, et par motif de conscience. Par conscience, j'entends non la vôtre, mais celle d'autrui ; car pourquoi ma liberté relèverait-elle du jugement d'une conscience étrangère ? Si je prends quelque chose en rendant grâces, pourquoi serais-je blâmé pour ce dont je rends grâces ? » (*I Corinthiens*, 10 : 25 à 30).

Quoi que l'Homme fasse, s'il le fait en rendant grâce, c'est-à-dire pour la gloire de Dieu, il restera en paix avec lui-même, et le Seigneur sera toujours sa lumière.

IX

PAUL, L'HOMME DE LUMIÈRE

Saül, à la suite de son premier contact, aussi foudroyant qu'inattendu, avec la lumière, devient totalement transformé. C'est une expérience hautement spirituelle, puissante, profonde, puisqu'elle a pour conséquence immédiate le retournement définitif de l'adversaire du Christ. Marqué pour l'éternité, l'existence, la personnalité et la démarche mystique de Paul, auront une telle emprise sur les Hommes de son temps, que ses successeurs et ses disciples dans les communautés christiennes le considéreront toujours comme un être de lumière.

« Or, chemin faisant, j'approchais de Damas, quand tout à coup, vers midi, une grande lumière venant du Ciel resplendit autour de moi. » (*Actes*, 22 : 6). Cette lumière est tellement éblouissante qu'il en reste aveuglé pendant trois jours. Les compagnons de route de Saül l'auraient également été si cette lumière s'était manifestée en tant que phénomène physique extérieur. Que ce soit seulement Saül qui ait été ébloui présume une source lumineuse ayant une étroite relation – donc marquée par l'harmonie – avec la conscience de Saül, mais non avec son organe de la vue.

Sa conscience a été si purifiée qu'elle est subjuguée par la lumière spirituelle. Ses yeux n'ayant donc pas été atteint, Saül recouvre la vision normale grâce à Ananias qui, par imposition des mains, ramène la conscience de Saül à son plan d'expression habituelle. Sans la puissance rééquilibrante des mains d'Ananias, Saül n'aurait jamais été investi de sa mission.

Si l'on réfléchit à cette sorte de conscience à laquelle Saül vient d'accéder, on ne peut qu'aboutir au résultat suivant : Saül est parvenu à l'illumination mystique, communément appelée la conscience cosmique [46].

---

[46] *La conscience cosmique*, par Richard Maurice Bucke, Editions rosicruciennes, Villeneuve Saint Georges, 1989.

Cette nouvelle conscience de l'être, qui exalte la simple conscience de soi, Paul lui donne divers noms : Christ, royaume de Dieu, Seigneur, Lumière. Quand la conscience cosmique descend dans l'objectivité de l'être, une impression d'éternité s'y installe, métamorphosant définitivement la personnalité. Ainsi compris, les versets suivants ne trouvent leur plein éclairage que parce que Paul a vraiment entrevu, voire vécu, une certaine éternité de la vie.

« Mais quand sont apparus la bonté de Dieu, notre Sauveur, et son amour pour les Hommes, il n'a pas regardé aux œuvres de justice que nous avons pu accomplir. N'écoutant que sa miséricorde, il nous a sauvés par le bain de la régénération où l'Esprit Saint nous renouvelle, et cet Esprit, Il l'a répandu sur nous à profusion par Jésus-Christ notre Sauveur, afin que, justifiés par la grâce du Christ, nous devenions héritiers en espérance de la vie éternelle. » (*Tite*, 3 : 4 à 7).

Le plus étonnant, dans la conversion de Saül, réside dans sa haine qu'il éprouvait auparavant pour Jésus et contre ceux qui le reconnaissaient comme le Christ, Fils de Dieu. On dit souvent que la haine et l'amour représentent deux flammes d'un feu inextinguible attisé par la même énergie. Saül haïssait tant le Christ que, lorsqu'il a accédé à la conscience cosmique, par réaction associative, il a instantanément assimilé au Christ ce nouvel état de conscience aux sublimes extases.

Je ne peux résister à présenter ici un extrait d'un ouvrage sur l'enseignement d'un sage hindou contemporain ; il s'agit de Ramana Maharshi qui a très bien compris le problème de l'existence. Ce texte démontre qu'un être qui a réalisé la conscience cosmique existe dorénavant au-delà du sectarisme religieux, philosophique ou autre.

« – Quelle est la signification de l'apparition du Christ dans l'illumination de saint Paul ?

RM – L'illumination est absolue. Elle n'est pas associée à des formes. Lorsque saint Paul prit conscience de son Soi, il identifia son illumination avec la conscience christique.

– Mais à cette époque saint Paul n'adorait pas le Christ.

RM – L'amour ou la haine n'ont aucune importance. La pensée du Christ était là. La même chose est arrivée à Ravana. Conscience christique et réalisation du Soi sont une seule et même chose.

Dans la Trinité chrétienne, Dieu le Père représente Ishvara, Dieu [47] le Fils le gourou et Dieu le Saint-Esprit l'Atman.

Dieu apparaît à son adorateur sous la forme d'un gourou (fils de Dieu) pour lui montrer l'immanence du Saint-Esprit, c'est-à-dire pour le convaincre que Dieu est Esprit, que cet Esprit est immanent en toutes choses et que le Soi doit être réalisé, ce qui veut dire la même chose que réaliser Dieu. » [48].

Il semble bien que ce que Paul a vécu au cours de son illumination spirituelle soit abordé dans une de ses *Epîtres aux Corinthiens*. Parlant de lui-même, Paul écrit : « Je connais un homme dans le Christ qui – voici quatorze ans – était-ce en son corps ? je ne sais ; était-ce hors de son corps ? je ne sais ; Dieu le sait –... cet homme-là fut ravi jusqu'au troisième ciel. Et cet homme-là, – était-ce en son corps ? était-ce sans son corps ? je ne sais ; Dieu le sait – je sais qu'il fut ravi jusqu'au paradis et qu'il entendit des paroles ineffables, qu'il n'est pas permis à l'homme de redire. » (*II Corinthiens*, 12 : 2 à 4).

Qu'est-ce donc que ce troisième ciel ? On pourrait penser que cette référence à une gradation des cieux soit une déformation persistante de ses anciennes études de kabbale. Rares sont les exégètes de la Bible qui explicitent ce concept d'échelle des cieux.

---

47 Cf. le chapitre *Paul, le kabbaliste*.

48 *L'enseignement de Ramana Maharshi*, préface de Jean Herbert, collection « Spiritualités vivantes » n° 58, série hindouiste, Editions Albin Michel, 1986 (p. 86).

Pourtant, il suffit de se pencher sur des ouvrages actuels de sources plus ou moins théosophiques. On y apprend qu'en langage initiatique, Paul a subi la troisième initiation, celle qui lui a ouvert la voie royale de la fusion de sa propre conscience avec celle du Christ. Conséquence : la lumière à laquelle Paul s'est rendu réceptif le rend apte dorénavant à transmettre un nouveau courant de pensée facilitant l'épanouissement de l'humanité dans les voies du Seigneur. Naturellement, seuls les Hommes prêts à accepter son message et son enseignement sauront le suivre dans ses envolées mystiques.

« La troisième initiation – première véritable initiation de l'âme – est celle de la Transfiguration, symbolisée par la Transfiguration de Jésus sur la montagne. Elle montre le contrôle du corps mental et des vies élémentales de ce plan, permettant à l'Homme d'entrer pour la première fois en contact avec la Monade ou l'Esprit, « le joyau dans le cœur du lotus », et d'en recevoir l'énergie. » [49] Précisons que Jésus, initié au troisième degré ou troisième ciel, a subi avec succès la quatrième initiation qui est celle de la Renonciation ou de la Crucifixion.

C'est avec une énergie non pas farouche, non pas obstinée, mais qui le soutient avec une vigueur à toute épreuve, que Paul affirme la présence du Christ en chacun de nous. Il voudrait transmettre le souffle de cette lumière dans laquelle il lui arrive d'être transporté d'extase ; mais il est souvent incompris.. « Si nous avons été hors de nous, c'était pour Dieu ; Si nous sommes raisonnables, c'est pour vous. » (*II Corinthiens*, 5 : 13). Son existence est un perpétuel tiraillement – qu'il assume d'ailleurs avec joie et humilité – entre ces extrêmes que représentent les deux aspects de sa mission : vivre la lumière infinie au cours d'une existence quotidienne limitée.

E.B. Allo a bien résumé la dualité existentielle de Paul. « Dans sa vie, où ce n'est ni sa gloire ni son intérêt personnel

---

[49] *La mission de Maîtreya*, par Benjamin Creme, Editions Partage, 1987 (p. 178).

qu'il recherche jamais, il n'y a que deux parts : l'une où il manifeste, comme entraîné par le souffle d'en haut, son intimité avec Dieu et cherche à y faire participer ses fidèles ; l'autre, le travail modeste et continu, d'enseignement quotidien, de débats avec les contingences et les embarras du gouvernement, les incompréhensions et les petitesses, travail auquel il se plie de grand cœur pour le salut de ses communautés. Mais cette seconde part est tout illuminée et imprégnée de la première ; à chaque instant, les incidents les plus vulgaires lui servent, d'une manière inattendue, de tremplin pour bondir en esprit en Absolu et y forcer le regard de ses disciples. L'éminence de ses vertus pratiques provient de ses transports eux-mêmes. » (1, p. 19).

Parvenu à ce point de mon étude sur Paul, que je considère comme un être ayant accédé à la lumière christique ou divine, je pense comprendre un peu mieux le message paulinien.

Le plus extraordinaire, le plus étonnant dans l'existence de Paul, est sa transformation spirituelle. Elle fut si profonde – rendue par conséquent indéracinable – qu'il répandit les paroles christiques jusqu'au prix de sa vie. Bravant ses origines, sa religion, les tabous, le joug romain, les juifs, la loi, l'impiété, ses faiblesses trop humaines, saint Paul s'attaqua à mettre en lumière les origines du mal.

Plus d'un mystique ont réalisé l'expérience de l'illumination consécutive à la troisième initiation. La plupart l'ont gardée pour eux et ont ensuite œuvré dans le silence de leur cœur. Alors, je me pose la question : Pourquoi a-t-il fallu que Saül devienne Paul ?

Il semble bien que l'apôtre ait vraiment perçu – ou tout au moins compris – la cause originelle de la différence inconciliable qui oppose le corps et l'esprit. Aussi ses *Epîtres* abondent-elles de conseils que doit suivre celui qui désire sincèrement parvenir au royaume de Dieu.

La caractéristique de l'enseignement de Paul est de mettre en garde la puissance attractive de l'un des deux pôles de l'éternelle dualité humaine. Le corps est souvent associé à une création d'Adam, alors que l'esprit est celle du Christ. « Car la mort étant venue par un homme, c'est pas un homme aussi que vient la résurrection des morts. De même en effet que tous meurent en Adam, tous aussi revivront dans le Christ. Mais chacun à son rang ; en tête, le Christ comme prémices, ensuite ceux qui seront au Christ, lors de son avènement. Puis ce sera la fin, quand il remettra la royauté à Dieu le Père, après avoir détruit toute Principauté, Domination et Puissance. Car il faut qu'il règne jusqu'à ce qu'il ait placé tous ses ennemis sous ses pieds. Le dernier ennemi détruit, c'est la mort. » (*I Corinthiens*, 15 : 21 à 26).

Paul aborde longuement l'aspect dualitaire de l'Homme. Insistant sur l'Adam terrestre au corps animal, il rappelle qu'Adam devint une âme vivante. Mais ce n'est que le début de l'être ; car à la fin, le dernier Homme sera devenu esprit vivifiant. L'un vient de la terre, l'autre du ciel. Terrible choix que l'Homme doit accomplir : ou pencher vers la chair et le sang, ou s'élever vers le céleste, vers la lumière. L'Homme porte en lui l'image des deux. Il est un vase de terre contenant la lumière divine. Si le corps lui appartient, il n'en est pas de même pour son âme, sa lumière, qui est à Dieu. Aussi s'agit-il de les réconcilier grâce au Christ.

L'Homme était-il donc séparé de Dieu ? Oui, puisque le corps de matière, façonné par Bélial, est corruptible. Même le meilleur Homme est attaqué, miné par Satan. Peut-être est-ce avec l'accord de Dieu que Paul souffre de son imperfection. Paul avoue : « Et pour que l'excellence même de ces révélations ne m'énorgueillisse pas, il m'a été mis une écharde en ma chair, un ange de Satan chargé de me souffleter..., pour que je ne m'enorgueillisse pas. » (*II Corinthiens*, 12 : 7).

Sa dualité existentielle, l'Homme l'éprouve constamment par son corps et son esprit (selon la terminologie paulinienne). L'un est ténèbres, car il ne sait où il va n'ayant aucunement conscience de son avenir. S'il sait qu'il vit, il n'en connaît pas la raison. Sa conscience n'est simplement limitée et éprouvée qu'à la survie de sa propre individualité. L'autre est lumière, puisque, par essence, l'esprit émane de la volonté divine qui est conscience absolue.

Dans l'Homme corporel, dans le vieil Adam, vit la lumière du Christ, le nouvel Homme qui n'attend qu'à se révéler. « En effet, le Dieu qui a dit : que du sein des ténèbres brille la lumière, est Celui qui a brillé dans nos cœurs, pour faire resplendir la connaissance de la gloire de Dieu, qui est sur la face du Christ. » (*II Corinthiens*, 4 : 6).

Ceux qui, au cours de leur vie ici-bas, acceptent d'orienter leur existence suivant les principes spirituels – tous inclus dans la pratique de la charité – s'ouvrent peu à peu à la puissance lénifiante et sereine de la lumière. S'installe alors une sagesse favorisant la sérénité quotidienne. La prise de conscience de sa propre divinité fait de l'Homme un enfant de lumière. C'est bien ainsi que s'analysent les versets suivants : « Mais vous, frères, vous n'êtes pas dans les ténèbres, pour que ce jour vous surprenne comme un voleur ; vous êtes tous des enfants de lumière et des enfants du jour. Nous ne sommes pas de la nuit ni des ténèbres. » (*I Thessaloniciens*, 5 : 4,5).

Paul veut dire que celui qui s'est engagé sur le chemin de la lumière doit s'attendre à ce que tôt ou tard se révèle le royaume de Dieu. Ce n'est qu'alors qu'éclate le vieil Adam pour laisser rayonner le nouvel Homme, le Christ ressuscité.

Quand l'être a déclenché cette ouverture spirituelle sur la lumière christique, doit-on considérer le fait de vivre la lumière dans son présent quotidien comme un état d'être définitivement acquis, tel qu'il en a bien été pour Paul ? En d'autres termes, la conscience cosmique s'installe-t-elle pour l'éternité dans le principe conscient qui, d'existence en existence, s'allège et se purifie dans la spirale cyclique des réincarnations ?

L'être qui a fait l'expérience de la lumière mystique ne régresse plus. Son évolution actuelle étant la résultante de tout son passé, y compris de ses existences passées, et de l'ouverture de sa conscience vers son futur divin, son esprit ne peut annuler cette connaissance irrémédiablement imprimée dans ses atomes spirituels. « Vous remercierez le Père, qui vous a rendu capables de partager le sort des saints dans la lumière, qui nous a arrachés à l'emprise des ténèbres. » (*Colosiens*, 1 : 12,13).

L'aveuglante lumière que Saül a expérimentée sur la route de Damas est un fruit qui a mûri au fil de ses existences précédentes.

Saül était profondément honnête envers ses convictions, et intimement opposé à la nouvelle secte qui se réclamait du Christ. Par conséquent, lorsque vint le temps de la moisson de ce qu'il avait semé au cours de cette vie et de bien d'autres auparavant, la fixation qu'il faisait sur Christ en le combattant a, soudainement, embrassé son esprit pour en faire un flambeau.

Que Paul ait atteint l'illumination spirituelle ne le libère pas pour autant de la chaîne des réincarnations.

Une des principales réincarnations de l'apôtre saint Paul fut, dit-on, d'exprimer la lumière en tant que philosophe grec connu sous le nom de Jamblique, qui vécut de 250 à 330 après J.-C. Il fonda à Apamée une école néoplatonicienne. Jamblique s'intéressa beaucoup à Pythagore. Cinq de ses livres sont parvenus jusqu'à notre époque et portent sur la philosophie pythagoricienne. Citons une *Vie de Pythagore*, *Le Livre des mystères*, le *Proteptique*.

Le thème de la lumière imprègne trop les Epîtres de Paul et les écrits de Jamblique pour passer sous silence quelques similitudes.

Tout dans le message paulinien transpire la lumière, c'est-à-dire le Christ en nous. Il nous absorbe constamment afin que l'on fusionne avec lui. Jamblique, comme un écho, explique : « La lumière est une, partout, éternellement ; elle est présente indivisiblement au fond de tous les êtres. Elle remplit tout l'univers de sa puissance illimitée. » [50].

---

50 *Le livre des mystères*, par Jamblique, traduction de Pierre Quillard, Paris, l'Art Indépendant, 1895.

Et encore : « C'est l'esprit seul qui voit et qui entend, tout le reste étant sourd et aveugle. » [51].

Une étude exégétique et comparative des œuvres de saint Paul et de Jamblique reste encore à faire. Gageons que leurs concordances, sinon leurs convergences spirituelles démontreront leur filiation émanée du même être de lumière.

Cette lumière qui s'est pleinement révélée à Saül, et que Paul a su assumer, serait actuellement incarnée par un initié de la Grande Loge Blanche [52]. Il est connu sous le nom de Maître Hilarion. Ce grand initié, cet Adepte, « s'occupe activement du domaine de l'Amérique, stimulant la perception intuitive de ses habitants. Il observe tous ceux qui ont de vrais dons psychiques et qui développent leurs pouvoirs à l'avantage de la communauté. Il dirige et transmue les grands mouvements actifs qui s'efforcent d'arracher le voile cachant le monde invisible. Il impressionne le mental de ceux dont la vision justifiera son effort. Il est surtout en rapport avec divers mouvements de recherche psychique à travers le monde. Avec l'aide de certains groupes d'anges, il s'applique à ouvrir aux chercheurs le monde des âmes de ceux qui sont disparus, et une grande partie de ce qui a récemment convaincu le monde matérialiste de la vie dans l'au-delà, émane de lui. » [53].

Puisse mon guide m'aider à faire rayonner mon Christ intérieur !

En fin de compte, le plus difficile est d'admettre que la conscience cosmique, qui s'installe dans l'existence de l'être au point de ne plus le faire régresser, amplifie toujours le rayonnement de la lumière christique.

L'observation des êtres vivants permet de distinguer une apparition de la conscience définissant les principales étapes de l'esprit évoluant vers la conscience cosmique. Cette suprême

---

[51] *Vie de Pythagore*, par Jamblique.

[52] Cf. le chapitre *Paul fut-il initié ?*

[53] *Extériorisation de la hiérarchie*, par Alice A. Bailey, Editions Lucie, Genèse, Suisse, 1979 (§ 506).

conscience, que Paul appelle Christ, doit-elle logiquement se rencontrer sur le chemin de l'Homme ? La réponse pourrait bien être affirmative.

Voici comment le docteur Richard Bucke, dont l'analyse est résumée ci-après, démontre que la conscience cosmique sera le lot de tout un chacun, et cela à plus ou moins brève échéance. Selon lui, quatre phases sont décelables dans l'évolution vers plus de conscience. ces phases sont :

« 1° L'esprit perceptuel – l'esprit formé de percepts ou impressions sensorielles ;

2° L'esprit formé de ceux-ci et des récepts – l'esprit réceptuel ou en d'autres termes, l'esprit de la conscience simple ;

3° Nous avons l'esprit formé de percepts, de récepts et de concepts, appelés quelques fois l'esprit conceptuel ou l'esprit conscient de lui-même – l'esprit de la conscience de soi ;

4° Nous avons l'esprit intuitif – l'esprit dont le plus haut élément n'est pas un récept ou un concept mais une intuition. Ceci est l'esprit dans lequel la sensation, la conscience simple et la conscience de soi sont complétées et couronnées par la conscience cosmique. » [54].

En fait, il apparaît, d'après cet auteur, que ce soit l'accumulation des expériences spécifiant chaque étape qui, saturant l'esprit, l'unifie en, une nouvelle unité ou synthèse.

Sans être tout à fait d'accord [55] avec Bucke dans les détails de son analyse, je peux affirmer avec lui que la conscience cosmique sera vécue par tous les Hommes dans un futur relativement proche. Car le nombre de ceux qui, actuellement, y parviennent, devient de plus en plus important sur la Planète. Ils entraîneront à leur suite les êtres qui se seront ouverts à leur propre divinité.

---

[54] Cf. *La conscience cosmique* (p. 67).

[55] Nul doute, au contraire, que la conscience cosmique soit une transparence de l'esprit, consécutive à l'apaisement du mental, permettant ainsi la prise de conscience définitive de la réalité au-delà de celle que se fabriquent les êtres subjugués par leurs désirs.

Que celle-ci soit nommée Allah, Brahma, Christ, Yahvé ou autres concepts ne se différenciant que par la culture et le langage ne change pas la nature profondément divine de la lumière.

X

PAUL, ENTITÉ CHRISTIQUE

Paul eut une fin tragique [56]. Sa décapitation est à mettre en parallèle avec celle de Jean-Baptiste (*Matthieu*, 14 : 8 à 12). Cette relation soulève une importante réflexion.

Jean-Baptiste, le précurseur ayant annoncé le Christ, et Paul, le successeur ayant propagé la lumière christique, tous deux ont été décapités. N'est-ce donc pas étrange ! L'analogie qui vient à mon esprit se révèle à mes yeux trop extraordinaire dans ses conséquences pour ne pas la relever.

Rappelez-vous la trinité du Golgotha ; Jésus y fut crucifié ainsi que deux brigands dont les croix s'élevaient de part et d'autre du gibet central. Ce n'est pas sans raisons que je m'arrête à cette trinité aux composants humains.

Je pense sincèrement que l'existence de Jésus-Christ est l'aboutissement d'une préméditation à l'échelle cosmique. C'est d'ailleurs le thème qui transparaît dans mon ouvrage paru sous le titre *La croix, message du Christ* [57].

Par projection symbolique, le Jésus du Calvaire se superpose avec le Christ, l'être principal d'une autre trinité qui se complète logiquement par Jean-Baptiste et Paul. De là à supposer que des liens spirituels les prédestinaient à vivre ce drame ! Quelle pouvait donc bien être la nature de ces liens capables d'unir dans une existence sacrificielle ces trois personnages ?

Le Christianisme semble bien avoir exagéré la prépondérance de l'unicité du Christ. résultat : des notions, même essentielles sur la structure profonde de l'âme, ont complètement été oblitérées de la connaissance ontologique pourtant plus ou moins accessible à l'Homme.

Le Christ est le vecteur existentiel, la source d'une lumière d'amour intarissable d'une entité à l'échelle de la création cosmique. Au sein de cette âme du monde, il se manifeste également

---

[56] Cf. le chapitre *Paul, le missionnaire.*

[57] Editions de la Maisnie, Guy Trédaniel, 1991.

dans des êtres qui se sont suffisamment préparés à assumer sa gloire, c'est-à-dire sa toute conscience.

Mes réflexions en étaient là. Je n'osais pas vraiment – rémanences d'influences chrétiennes – considérer Jean-Baptiste et l'apôtre Paul comme des personnalités issues d'une même entité : le Christ. Ce mystère m'avait effleuré, mais étant donné que je n'en comprenais pas encore la portée ni la nécessité événementielle, je ne l'avais pas retenu...

Il est venu à mon secours, mon Guide spirituel. Il est venu à mon secours en me faisant découvrir un livre [58] dont l'auteur [59] franchit le pas d'une façon qui va bien au-delà de ce que je n'avais qu'à peine soupçonné. Bien que mon hypothèse y soit confirmée, il ne m'est pas encore facile d'en admettre toutes les implications à venir. Toutefois, je me dois de livrer au lecteur l'essentiel de ce qui converge vers ce que j'ai succinctement évoqué.

Sans reprendre le long développement – qu'il serait intéressant d'analyser – sur la spécificité existentielle de Paul, par rapport à l'entité Christ, voici l'extrait qui conforte ma conviction.

« Il y eut trois hommes (Jean-Baptiste, Jésus et Saül-Paul) dont les vies se sont confondues dans l'Histoire et ont fusionné pour donner corps au mythe du Christ. Chacun d'eux était particulièrement doué sur le plan psychique, connaissait le rôle qu'il avait volontairement accepté. Les trois hommes appartenaient à une même entité et ont un jour accédé à la vie physique. Pourtant, ils ne sont pas nés à la même date. Certaines raisons ont conduit l'entité à ne pas revenir en tant que personne unique. La

---

58 *L'enseignement de Seth*, par Jane Roberts, collection « J'ai Lu New Age » n° 3038, Editions J'ai Lu, 1991.

59 L'auteur, Jane Roberts, a servi de catalyseur médiumnique à une entité du règne spirituel, non incarnée, qui se fait appeler Seth. Son message est centré sur l'analyse de la conscience en tant qu'unique état cosmique. Deux ouvrages, du même auteur, traduits de l'américain, denses et volumineux, ont paru dans la même collection. Titre du précédent, *Le livre de Seth*.

première, c'est que la conscience totale d'une entité est trop forte pour un seul support physique... » [60].

Tous trois étaient des personnalités projetées par l'entité-âme connue sous le nom de Christ en vue de parfaire la même mission qu'ils s'étaient eux-mêmes investis. Les liens dont je parlais plus haut, sont maintenant plus facilement admis si l'on considère qu'ils faisaient tous partie de l'égrégore animique christique.

On comprend mieux que Jean-Baptiste prédise la venue de celui qui baptisera « dans l'Esprit-Saint et le Feu » (*Matthieu*, 3 : 11, *Luc*, 3 : 16). Il est en communion constante avec le Christ puisqu'il émane de la même entité, du même Sur-moi, de la même âme.

Il en est de même pour Paul. En tant que Saül, il devait fortifier son égo afin d'être à même de mieux réussir sa mission par son sens de l'organisation sur tous les plans. Sa conversion lui a permis de redécouvrir soudainement son origine, commune avec le Christ. Bien que la puissance de son égo la lui voilât souvent au cours de son existence, dorénavant Paul entrera en contact avec le Christ, c'est-à-dire avec lui-même ; mais ce ne sera qu'au cours de rêves, que par des visions fugitives, ou encore que grâce à des brèves communications télépathiques.

Paul devait répandre le message christique, envers et contre tous. Les chapitres précédents nous ont montré que ce n'était certes pas facile. Aussi, pour contourner certaines difficultés, s'est-il trouvé contraint à commettre quelques erreurs ; et cela consciemment, afin que les racines de Christ s'étendent profondément dans les esprits malgré le contexte historique. Spirituellement, l'époque pendant laquelle est né le christianisme était presque indéfrichable. Toutefois, « les tendances de Saül étaient connues à un autre niveau. Elles servaient un but. Et c'est pour cette raison qu'il reviendra une fois encore pour détruire ces déformations. » [61]. Ainsi sera résolue la prophétie de la seconde

---

[60] Op. cit. page 420.
[61] Op. cit. page 422.

venue du Christ (*Matthieu*, 24), mais selon une compréhension différente de celle qui a traversé les siècles.

D'ici l'an 2075 – époque probable de la venue de Paul-Christ, d'après Seth – la conscience de l'humanité aura atteint une intensité telle qu'elle ne nécessitera plus la naissance de plusieurs personnalités pour l'épanouissement de la conscience christique [62].

Ainsi peut-on d'ores et déjà prévoir que le nouveau Christ à venir se manifestera en une entité qui fusionnera les trois personnalités qui s'exprimaient par Jean-Baptiste, Jésus et Paul. Seule celle qui s'est affirmée en Paul devra revenir pour annuler les erreurs qui gênent maintenant le progrès des êtres vers l'acquisition d'une plus grande conscience. Il est indéniable que la capacité de la conscience du futur Christ rayonnera d'une puissance et d'une lumière extraordinaires. « Il conduira l'Homme au-delà du symbolisme sur lequel la religion s'est appuyée pendant tant de siècles. Il insistera sur l'expérience spirituelle, l'expansion de l'âme et apprendra à l'Homme à reconnaître les multiples aspects de sa propre réalité » [63].

Lorsque j'ai titré le présent ouvrage *Saint Paul, être de lumière*, je ne me doutais pas qu'il se terminerait sur une note encore trop aiguë pour la spiritualité actuelle. Il est vrai que, parvenu au terme de ce dernier chapitre, je puis encore le modifier. Mais non, je préfère laisser le titre qui s'était imposé dans ma conscience.

---

[62] Cette évolution conscientielle de l'être pourrait être l'amorce d'une probabilité démographique s'opposant à celle généralement admise par les futurologues : il s'agirait d'une diminution caractérisée de la population sur la Terre. Les âmes, au niveau du Sur-moi, n'éprouveraient plus la nécessité de projeter autant de personnalités multiples aux fins d'expériences nouvelles, comme cela se passe actuellement. Un milliard d'êtres humains sauraient assumer leur nouvelle conscience, mais avec une puissance accrue.

[63] Op. cit. page 420.

Je propose simplement au lecteur ce qui ne peut être qu'une question soumise à ses réflexions christiques : *Demain, saint Paul le Christ ?*

Plus simplement, que ce soit le Christ, Paul ou vous, cher lecteur, ou moi, ne sommes-nous pas des émanations, des projections, des... de l'unique Lumière ?

INDEX DES CITATIONS BIBLIQUES

(La référence biblique est suivie du chapitre du livre)

BIBLIOGRAPHIE

1 – ALLO E.B., *Paul, apôtre de Jésus-Christ*, collection Témoins de Dieu, Editions du Cerf, Paris, 1946.

2 – ALLO E.B., *Saint Paul, première épître aux Corinthiens*, Editions Gabalda, Paris, 1935.

3 – ALLO E.B., *Saint Paul, seconde épître aux Corinthiens*, Editions Gabalda, Paris, 1935.

4 – ALLO E.B., *Le travail d'après saint Paul*, Editions Lethielleux, 1914.

5 – ALLO E.B., *L'évolution de l'évangile de Paul*, Vivre et penser, Editions Gabalda, Paris.

6 – AMBELAIN Robert - *La vie secrète de saint Paul*, collection Les énigmes de l'univers, Editions Robert Laffont, Paris.

7 – AMIOT F., *L'enseignement de saint Paul*, Etudes bibliques, Editions Gabalda, Paris.

8 – BAUMANN Emile, *Saint Paul*, Grasset Editeur, Paris.

9 – BONNET L., *Epîtres de Paul*, Lausanne, 1892.

10 – BONSIRVEN Joseph, *Exégèse rabbinique et exégèse paulinienne*, Editions Beauchesne, Paris, 1939.

11 – BRETON Stanislas, *Saint Paul*, collection Philosophie, Presses universitaires de France, Paris.

12 – CERFAUX L., *Le Christ dans la théologie de saint Paul*, collection Unam Sanctam, Editions du Cerf, Paris.

13 – CERFAUX L., *La théologie de l'Eglise suivant saint Paul*, collection Unam Sanctam, Editions du Cerf, Paris.

14 – DAVID L. et LORETTE P., *Histoire de l'Eglise*, Librairie Blond et Cie, Paris, 1920.

15 – *Les Evangiles de l'ombre* (apocryphes), présentation Charles Mopsik, Editions Lieu Commun, 1987.

16 – FOUARD C., *Les origines de l'Eglise, saint Paul*, deux volumes : I ses missions, II ses dernières années, J. Gabalda Editeur, Paris, 1892, 1897.

17 – GILLABERT Emile, *Saint Paul ou le colosse aux pieds d'argile*, Editions Métanoïa, Marsanne (Drôme), 1974.

18 – GLORIEUX P., *Paul, apôtre de Jésus-Christ* (populaire), Librairie de la jeunesse ouvrière, Paris.

19 – GOGUEL M., *L'apôtre Paul et Jésus-Christ*, Paris, 1904.

20 – HUBY J., *Saint Paul, épître aux Romains*, Etudes bibliques, Editions Gabalda, Paris.

21 – HUBY J., *Saint Paul, Les épîtres de la captivité (Colossiens, Philémon, Ephésiens, Philippiens)*, collection Verbum Salutis, Editions Beauchesne, Paris, 1935.

22 – HUGEDE Norbert, *Saint Paul et la Grèce*, Société d'édition « Les belles lettres », Paris, 1982.

23 – JACQUIF E., *Histoire des Livres du Nouveau Testament,* tome 1er : Les épîtres de Paul, 10ème édition, Librairie Victor Lecoffe, J. Gabalda Editeur, Paris, 1924.

24 – LAGRANGE M. J., *Saint Paul, épître aux Romains*, collection Etudes bibliques, Gabalda, Paris.

25 – LAGRANGE M. J., *Saint Paul, épître aux Galates*, collection Etudes bibliques, Gabalda, Paris.

26 – LE CAMUS M., *L'œuvre des apôtres*, 2ème édition, Paris, 1905.

27 – LE CAPITAINE René, *Les chemins de saint Paul*, préface de Daniel Rops, Librairie Arthème Fayard, Paris, 1957.

28 – LEMONNYER A., *Epîtres de saint Paul*, Paris, 1905.

29 – LESSING Erich, *Saint Paul*, présentation en images, textes de Pierre Géoltrain, David Flusser et Edward Schille Beeckx, Verlag Herder, Freiburg in Breigau ; en langue française, Editions Hatier SA, Fribourg, 1980.

30 – MACCOBY Hyam, *Paul et l'invention du christianisme*, collection Histoire, Editions Lieu Commun, 1987.

31 – MESSADIE Gérald, *L'incendiaire, vie de Saül apôtre*, Editions Robert Laffont, 1991.

32 – METZGER H., *Les routes de saint Paul dans l'Orient grec*, Cahiers d'archéologie biblique n° 4, Neuchâtel-Paris, 1954.

33 – MONTEIL S., *Essai sur la christologie de saint Paul*, tome 1er, 1906.

34 – MORTON, *Sur les pas de saint Paul* (traduit de l'anglais), Editions Hachette, Paris.

35 – PRAT F., *La théologie de saint Paul*, deux volumes, Editions Beauchesne, Paris.

36 – RAMBAUD P., *Les épîtres de saint Paul*, Paris, 1888.

37 – RENAN, *Saint Paul*, 1884.

38 – RICCIOTTI G., *Saint Paul apôtre* (traduit de l'italien), Editions Robert Laffont, Paris, 1952.

39 – ROPS Daniel, *Saint Paul, conquérant du Christ*, Editions France-Empire, Paris, 1959.

40 – ROPS Daniel, *Les aventuriers de Dieu*, Librairie Arthème Fayard, Paris, 1951.

41 – SABATIER A., *L'apôtre Paul*, Paris, 1896.

42 – SAGOT DU VAUROU (Mgr), *Saint Paul*, Editions Flammarion, Paris.

43 – *La sainte Bible*, introduction générale, par Daniel Rops, de l'Académie Française, Edilec, 1979.

44 – SEGOND Louis, *La sainte Bible*, La maison de la Bible, Genève, 1949.

45 – THILS G., *Pour mieux connaître et comprendre saint Paul*, Desclée de B. Editeur, Paris.

46 – TRESMONTANT Claude, *Saint Paul et le mystère du Christ*, collection Maîtres spirituels n° 5, Editions du Seuil, Paris, 1980.

47 – TRICOT A., *Saint Paul, apôtre des gentils*, Bloud et Gay Editeurs, Paris.

48 – VOUAUX L., *Les actes de Paul et ses lettres*, Paris, 1913.

Achevé d'imprimer en octobre 1995
sur les presses de la Nouvelle Imprimerie Laballery
58500 Clamecy
Dépôt légal : octobre 1995
Numéro d'impression : 510042

Imprimé en France